1570년 전
반달족, 로마 정복

1630년 전
그리스도인, 카르타고에 모여
성경에 넣을 이야기 결정.
그리스도인, 에페소스의
아르테미스 신전 파괴

1325년 전
무슬림, 카르타고 정복

1650년 전
로마, 그리스도교를
국교로 삼음

770년 전
몽골 제국의 몽케칸, 모두가
믿어야 할 이야기가 무엇인지
알고 싶어 함

1810년 전
카르타고인과 에페소스인,
로마 시민권 획득

세상을 떠났거나, 지금 살아가고 있거나, 앞으로 살아갈 모든 존재에게.

지금의 세상은 우리 조상들이 만들었지만

앞으로 세상이 어떻게 될지 결정하는 것은 우리야.

_ 유발 하라리

유발 하라리

예루살렘 히브리 대학교 역사학과 교수. 우리 시대 가장 영향력 있는 지성인. 옥스퍼드 대학교에서 중세 전쟁사로 박사 학위를 받았다. 2020년과 2018년 다보스에서 인류의 미래에 관한 기조 연설을 했다. 2019년에는 엔터테인먼트와 교육 부문을 담당하는 '사피엔스십'을 세워, 오늘날 세계가 직면한 글로벌 문제들에 대한 대화를 이끌어 내기 위한 방법을 모색하고 있다. 현재 역사와 생물학의 관계, 호모 사피엔스와 다른 동물의 차이점, 21세기에 과학과 기술이 제기하는 윤리적 문제 등을 연구하고 있다. 대표작 《사피엔스》《호모데우스》《21세기를 위한 21가지 제언》은 65개국에서 4000만 부 이상 판매된 세계적인 베스트셀러이다. 특히 《사피엔스》는 〈사피엔스: 그래픽 히스토리〉 시리즈로 쉽고 재미있게 재탄생시켰다. 그리고 어린이를 위한 책 《멈출 수 없는 우리 ❶인간은 어떻게 지구를 지배했을까》《멈출 수 없는 우리 ❷세상은 왜 공평하지 않을까》를 출간했다. 이중 《멈출 수 없는 우리 ❶인간은 어떻게 지구를 지배했을까》는 뉴욕 타임스 베스트셀러에 올랐다.

리카르드 루이스 그림

바르셀로나에서 태어난 디자이너자 일러스트레이터이다. 2014년부터 어린이와 청소년을 위한 책과 잡지에 그림을 그리고 있으며, 영화와 텔레비전의 애니메이션 및 스토리 작업에도 참여했다.

김명주 옮김

성균관대학교 생물학과, 이화여자대학교 통역번역대학원을 졸업했다. 주로 과학과 인문 분야 책들을 우리말로 옮기고 있다. 옮긴 책으로 《호모 데우스》《사피엔스: 그래픽 히스토리》《자연은 어떻게 발명하는가》《인간이 만든 물질, 물질이 만든 인간》《세상을 바꾼 길들임의 역사》《멈출 수 없는 우리 ❶인간은 어떻게 지구를 지배했을까》《멈출 수 없는 우리 ❷세상은 왜 공평하지 않을까》 등이 있다.

멈출 수 없는 우리

3

적들이 친구가 되는 방법

유발 하라리

리카르드 루이스 그림 | 김명주 옮김

주니어김영사

| 이 책에 대해

이 책에 묘사된 사건들은 실제 역사적 사건이고, 장소들은 실제 장소이며, 카르타고 장군 한니바알과 로마 황제 바리우스 같은 인물들은 역사 속 실존 인물이야. 다만 이야기에 활기를 불어넣기 위해 나는 카르타고 소녀 사포니바알과 로마 선원 가리우스 같은 몇몇 상상 속 인물들을 자유롭게 창조했어. 우리는 사건들을 실제에 가깝게 서술하고 사실감 있게 묘사하기 위해 온갖 노력을 기울였어. 수천 년 전에 일어난 일을 알기 위해 우리는 고대인들이 남긴 이야기와 유물에 의존해. 하지만 수천 년이 지나면서 이야기는 왜곡되고 물건은 사라져 버리지. 그래서 고대 사건들에 대해서는 우리가 알지 못하는 부분이 많아. 나는 이 빈 공간을 메우기 위해 때때로 내가 아는 지식을 바탕으로 추측을 했어.

너는 신을 뭐라고 불러?
이 책에서 나는 유대인, 그리스도인, 무슬림의 신을 '신'이 아니라 '하늘 아버지'라고 표현했어. 너는 왜 내가 이렇게 했는지 궁금할 거야. 고대 사람들은 제우스와 바알 같은 다양한 신을 믿었고, 현대 사람들도 시바 같은 다양한 신을 믿어. 모두가 자신이 믿는 신을 '신'이라고 부르지. 비록 이 모든 신들이 많은 공통점을 지니기는 하지만, 나는 유대인, 그리스도인, 무슬림의 신을 그 밖의 모든 신들과 구별할 수 있는 말을 찾고 싶었어. 그래서 나는 '하늘 아버지'라는 말을 사용하기로 했어. 왜냐하면 유대인, 그리스도인, 무슬림이 모두 자신들의 신을 하늘에 계신 위대한 아버지처럼 생각하기 때문이야.

차례

사람들이 정답이라고 생각하는 것들이 진실일까?

우리가 살고 있는 세상은 죽은 사람들이 머릿속으로 그렸던 꿈이야. 신, 국가, 돈, 사랑에 대해 우리가 믿는 이야기들은 옛날 사람들이 지어낸 이야기들이지. 오늘날 우리가 어떻게 행동하는지를 결정하는 건 이런 옛날 이야기들이야. 왜 어떤 사람은 으리으리한 궁전에 살고, 어떤 사람은 오두막에 살면서 매일 궁전을 청소하러 갈까? 왜 사람들은 전쟁을 할까? 여성이 대통령이 될 수 있을까? 사람들은 이런 질문들에 대한 답을 알고 있다고 생각하지. 하지만 사람들이 정답이라고 생각하는 것들이 진실일까?

아니면 오래전 누군가가 지어낸 이야기일 뿐일까? 역사를 배우면 무엇이 진실이고, 무엇이 옛날 사람들이 지어낸 이야기인지 알 수 있어. 역사를 배우는 목적은 그저 오래전에 일어났던 일을 외우는 데 있지 않아. 역사를 배우는 진짜 목적은 죽은 사람들의 꿈에서 자유로워지는 데 있어.

2024년 11월 유발 하라리

너는 다른 사람들과 비슷해?

가끔 남들과 다르다고 느낄 때가 있지 않아? 주변 사람들과 다르게 행동하거나, 다르게 생각하고 싶을 때는? 남들이 입지 않는 옷을 입거나, 남들이 좋아하지 않는 음악을 듣거나, 남들이 별로라고 주장하는 무언가를 좋다고 생각한 적은? **가끔 주변 사람들이 너를 틀에 가두고, 되고 싶지 않은 사람이 되라고 강요한다고 느낄 때도 있지?**

어떤 사람들은 남들과 다른 것은 나쁘다고 말해. 주변 사람들과 다르게 생각하고 행동하면 그들과 협력하거나 친구가 될 수 없고, 그러면 그들이 싸움을 걸어 너를 해칠 수 있기 때문이지. 그래서 남들과 다른 것을 싫어하는 사람들은 세상을 깔끔한 상자로 나누고, 모든 상자에는 같은 생각과 행동을 하는 사람들만 집어넣어야 한다고 말해. 이런 깔끔한 상자들 가운데 가장 중요한 상자는 이름도 있어. 그들은 그 상자를 한국·일본·인도·그리스·캐나다 같은 '국가 이름'으로 부르지. 그리고 자기네 상자에 속하지 않는 사람을 '외국인'이라고 불러.

상자로 나누기 좋아하는 사람들은 네가 딱 한 국가에만 속하고, 그 안에서 사는 사람들과 다르면 안 된다고 주장해. 그 사람들 말에 따르면, 너는 모든 사람과 같은 언어를 사용하고, 같은 옷을 입고, 같은 음악을 듣고, 같은 음식을 먹고, 같은 놀이를 하고, 같은 신을 믿어야 해. 다른 사람들과 다르면 그들과 어울리지 못해서 결국 싸우고 말 거야. 다른 나라에 가면 너는 외국인이 되고, 그 나라 사람들은 네가 그 상자에 속하지 않는다는 이유로 너를 좋아하지 않을 거야.

이런 '상자형 인간'들은 세상이 원래 그렇다고 말해. 예를 들어, 그리스인은 항상 그리스어를 사용했고, 그리스 음식을 먹었고, 그리스 전통 놀이를 즐겼고, 그리스 신을 믿었다는 뜻이지. 캐나다인은 항상 캐나다어를 사용했고, 캐나다 음식을 먹었고, 캐나다 전통 놀이를 즐겼고, 캐나다 신을 믿었다는 거야.

하지만 전혀 그렇지 않아. 캐나다인은 캐나다어를 사용하지 않고, 캐나다어라는 언어는 존재하지도 않아. 대다수 캐나다인은 영국인처럼 영어를 사용하거나, 프랑스인처럼 프랑스어를 사용해. 이누크티투트어와 오지브와어를 사용하는 캐나다인도 있어. 캐나다에는, 많지는 않지만 그리스어를 사용하는 사람들도 있어. 본인이나 부모님이 그리스에서 캐나다로 이주했기 때문이야. 한편, 많은 그리스인은 영국인·프랑스인·캐나다인처럼 영어와 프랑스어를 사용하기도 해.

어떤 신을 믿는지도 사용하는 언어만큼이나 복잡해. 그리스 신들을 예로 들어 볼까? 아주 오래전 그리스에는 제우스·아르테미스·아테나 같은 수많은 신들이 있었어. 너도 한 번쯤 들어 봤을 거야. 하지만 요즘 그리스인은 그런 신들을 믿지 않아. 대신 대다수 그리스인이 예수를 믿고, 일부는 알라신을 믿어. 시바를 믿는 사람도 조금 있지. 캐나다·나이지리아·인도에 사는 사람들처럼 신을 믿지 않는 사람들도 많아. 따라서 세상이 깔끔한 상자로 나뉜다는 말은 사실이 아니야. **같은 나라 사람이라도 때때로 다른 언어를 사용하고 다른 신을 믿어.** 반대로 다른 나라에 사는 사람들이 같은 언어를 사용하고 같은 신을 믿기도 해.

상자형 인간들은 이런 이야기를 하면 화를 낼지도 몰라. 그들은 그래서는 안 된다고 말해. 몇몇 그리스인이 이탈리아 음식을 먹고, 영어를 사용하고, 아시아 신을 믿는 것은 부끄러운 일이라고 생각하지. 그들은 사람들이 과거로 돌아가서 그리스인답게 행동하기를 바라.

하지만 그건 불가능해. 과거로 돌아가 보면 너는 모든 것이 계속 변한다는 사실을 깨달을 거야. 5000년 전에는 지금의 국가·언어·종교들이 존재하지 않았지. 당시에는 그리스도, 캐나다도, 나이지리아도, 인도도 없었어. 아무도 영어·프랑스어·그리스어를 사용하지 않았지. 그리고 아무도 예수·제우스·시바를 믿지 않았어. 물론 5000년 전에도 국가, 언어, 종교가 존재했지만, 오늘날 우리가 알고 있는 모습과는 완전히 달랐어. 지금 우리가 아는 국가·언어·종교가 생겨난 이유는 사람들이 이곳저곳으로 옮겨 다니며 새로운 방식으로 생각하고 행동했기 때문이지.

예를 들어, 예수를 믿은 최초의 그리스인들은 주변 사람들과 아주 달랐어. 그들은 다른 나라에서 온 새로운 종교를 믿었지. 그들의 부모나 조부모는 들어 본 적도 없는 종교였어. 무언가 변하려면 누군가는 새로운 것을 가장 먼저 받아들여야 하고, 누군가는 남들과 달라야 해.

따라서 네가 주변 사람들과 뭔가 다르다고 느꼈다고 해도 그건 아주 자연스러운 일이야. 옛날에 너희 나라에 살던 사람들 대부분은 지금 그곳에 사는 사람들과 달랐어. 사람들이 아무리 예전과 같은 음식을 먹고, 같은 언어를 사용하고, 같은 신을 믿으려 해도 시간이 흐르면 모든 것이 변해. 신도, 언어도, 음식도, 사람도.

그런데 사람들이 아무리 현재 상태를 유지하려 노력해도 모든 것이 변하는 이유는 뭘까? 왜 모든 사람·국가·언어·종교가 예전과는 달라질까? 예를 들어, 그리스인들은 왜 제우스와 아르테미스 대신 예수를 믿기 시작했을까? 새로운 신들은 어디서 오고, 다른 나라의 신들이 서로 만나면 무슨 일이 일어났을까?

무엇보다 낯선 이방인들이 서로 처음 만났을 때 대체 무슨 일이 일어났을까? 예를 들어, 외국어를 사용하고 낯선 음식을 먹는, 먼 나라에서 온 사람을 만나면 무슨 일이 일어났을까? 바다 건너 낯설고 이상한 곳에 도착하면 무슨 일이 벌어졌을까? 싸움이 일어났을까, 아니면 아무렇지도 않게 잘 지냈을까? 어떻게 너무나도 다른 사람들이 서로 협력하고 심지어 좋은 친구가 될 수 있었을까?

이 질문의 답은 네가 들어 본 어떤 이야기보다 놀라울 거야.

그리고 이 이야기는 실제로 일어난 일이야.

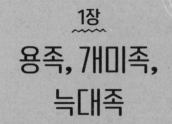

1장
용족, 개미족,
늑대족

죽음의 바다를 건너는 방법

5000년 전에는 그리스도, 한국도, 뉴욕도, 뉴델리도 없었어. 하지만 왕국과 도시는 있었지. 그 당시 세계에서 가장 큰 도시는 아마 우루크였을 거야. 우루크 사람들은 수메르어를 사용했고, 이난나·아누·엔키처럼 지금은 완전히 잊힌 신들을 믿었지.

우루크에는 그들이 믿는 신들, 사람들, 도시에 대한 흥미로운 이야기가 가득했어. **이야기를 만들어서 들려주는 일은 매우 중요했지. 모든 사람이 같은 이야기를 알고 믿으면 단결하고 협력할 수 있기 때문이야.** 이야기는 인간을 다른 어떤 동물보다 강력한 존재로 만들어 주지.

이야기와 협력이 어떻게 인간을 강하게 만들어 주는지 이해하려면 다른 동물들과 비교해 보면 돼. 예를 들어, 침팬지를 생각해 봐. 침팬지 열 마리는 좋은 친구가 되어 서로 협력해서 바나나를 찾거나, 새끼 돼지를 사냥하거나, 표범을 쫓아낼 수 있어. 하지만 침팬지 1000마리는 아무것도 함께할 수 없어. 서로를 잘 알지 못하기 때문이지. 침팬지 1000마리를 한 장소에 몰아넣고 바나나를 한가득 주고는 나눠 먹으라고 하면 어떤 일이 일어날까? 침팬지들은 곧 괴성을 지르거나 미친 듯이 뛰어다니거나 서로를 때리기 시작할 거야.

네가 침팬지 언어를 안다면 침팬지들에게 이렇게 묻겠지.

"싸우는 이유가 뭐야? 바나나는 충분하잖아."

그러면 침팬지는 이렇게 대답할 거야.

"양은 충분해! 하지만 모두 처음 보는 침팬지들이잖아. 그런 침팬지들을 어떻게 믿지? 나를 죽이고 바나나를 다 가져가면 어떡해?"

인간은 달라. 우리는 오래전에 큰 무리를 이루어 협력하는 방법, 이야기를 이용해 도시와 왕국을 건설하는 방법을 알아냈어. 사람들이 똑같은 이야기를 믿기만 하면 100만 명이 협력할 수 있고, 모두가 지켜야 할 규칙을 정할 수 있지. 예를 들어, 우루크 사람들은 이난나 여신 이야기를 믿었어. 이 이야기에서 이난나 여신은 살인하지 말고 음식을 훔치지 말라는 규칙을 정했지. 그래서 모든 우루크 사람들은 규칙을 지키려 노력했고, 다른 사람들도 자신을 죽이거나 식량을 훔치지 않을 것이라고 믿었어.

이난나 여신이나 아누 신 이야기도 중요했지만, 우루크 사람들을 하나로 묶어 준 가장 중요한 이야기는 따로 있었어. 바로 길가메시라는 인간 영웅에 대한 이야기였지. 고고학자들은 우루크 근처 유적을 발굴하다가 길가메시 이야기를 새겨 놓은 수천 년 전 점토판을 발견했어. 덕분에 우리는 길가메시 이야기에 대해 알게 되었지.

어떤 이야기인지 들어 봐. 옛날 옛적에 길가메시라는 사람이 살았어. 그는 세상에서 가장 용감한 남자였지. 길가메시는 우루크의 왕이 되어 많은 도깨비와 싸우고 거대한 괴물 훔바바를 죽였어. 그러던 어느 날, 길가메시가 가장 아끼던 친구 엔키두가 죽었어. 길가메시는 시신 옆에 앉아 이레 밤낮을 지켜보다가 친구의 콧구멍에서 떨어지는 구더기 한 마리를 보았지. 그 작은 구더기는 괴물 훔바바보다 훨씬 끔찍했어. 그때 길가메시는 깨달았어. 엔키두에게 일어난 일이 언젠가는 자신에게도 일어나리라는 사실을. 그도 죽을 테고, 구더기가 그의 강한 팔, 뇌, 코까지 온몸을 파먹겠지. 그러니 재산과 권력과 명성을 쌓은들 무슨 소용일까? 결국 구더기 밥이 될 텐데, 그런 하찮은 것들을 가지려고 아등바등할 이유가 있을까? **길가메시는 죽음과 싸워 이겨야겠다고 결심했어.**

길가메시는 죽지 않는 방법을 찾기 위해 우루크를 떠나 온 세상을 돌아다녔어. 숱한 위험에 부딪혔고, 많은 괴물을 죽였으며, 끔찍한 전갈족과도 싸

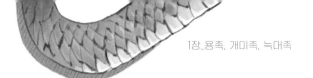

웠지. 그러다 마침내 영원한 생명의 비밀을 안다는
우트나피쉬팀에 대한 소문을 들었어. 이난나와 아누를 비롯한
모든 신들이 우트나피쉬팀을 너무나 사랑해서 영원히 살게 해 주
었다는 거야. 하지만 우트나피쉬팀은 아무도 건널 수 없는 거대한
바다 건너편에 살았어. **왜냐하면 이 바닷물은 몸에 한 방울만 튀**
어도 곧바로 죽음에 이르렀거든. 길가메시는 어떻게 그 바다를 건널 수 있
었을까?

다행히 길가메시는 뱃사공 우르샤나비와 친구가 되었어. 그런데 우르샤나
비의 배를 이용한다고 해도, 노를 젓는 동안 과연 물에 닿지 않고 죽음의 바
다를 건널 수 있을까? 고민 끝에 길가메시는 웃옷을 벗어서 돛을 만들었어.
그러고는 배 한가운데 서서 거대한 몸과 강한 손을 돛대와 활대로 사용했지.
길가메시는 최초의 돛을 발명한 거였어. 노를 젓지 않은 덕분에 물에 한 번
도 닿지 않고 죽음의 바다를 건널 수 있었지.

길가메시는 마침내 우트나피쉬팀을 만나 영생의 비밀을 물었어. 우트나피
쉬팀은 '생명의 바다' 밑바닥에서 자라는 기적의 식물에 대해 알려 주었지.

"그 작은 식물을 먹으면 영원히 살 수 있습니다! 하지만 조심하세요. 그
식물은 단 한 그루뿐이고, 그것을 놓치면 죽음을 벗어날 수 없습니다."

길가메시는 발에 무거운 돌을 묶고 생명의 바다 밑바닥으로 내려갔어. 그
러고는 식물을 찾아내서 뭍으로 돌아왔지. 그런데 길가메시가 식물을 먹기
전에 잠시 한눈을 파는 사이에 뱀이 식물을 훔쳐서 삼켜 버리고 말았어. 그
후로 뱀은 허물을 벗고 다시 젊어져 영원히 살았지만, 길가메시는 빈손으로
우루크로 돌아와야 했지. 그제야 그는 죽음을 벗어날 방법이 없다는 사실
을 받아들였어. **어떤 인간도 죽음을 이기고, 시간을 멈추고, 변화를 막을 수**
는 없지.

길가메시처럼 우루크라는 도시도 결국 사라졌어. 우루크의 모든 건물이 무너졌고, 모든 거리가 버려졌지. 오늘날 그곳에는 아무도 살지 않아. 단지 거미, 전갈, 도마뱀 몇 마리……, 그리고 몇몇 고고학자들이 길가메시 이야기가 새겨진 점토판 같은 흥미로운 고대 유물을 찾아 폐허를 파헤치고 있을 뿐이지.

우루크는 이제 존재하지 않지만, 우리에게 길가메시 이야기뿐만 아니라 문자라는 중요한 선물을 남겼어. 처음으로 문자를 발명한 곳이 우루크였지. 네가 지금 이 책뿐만 아니라 신문, 이메일, 웹페이지를 읽을 수 있는 것도 우루크 사람들 덕분이야.

국경 너머에는 무엇이 있을까

우루크가 사라지는 동안 다른 도시와 왕국이 탄생했어. 모든 도시와 왕국은 그들만의 언어를 쓰고 신을 모셨지. 물론 영웅과 신에 대한 이야기, 세상이 생겨난 이야기도 있었지. 이런 이야기들은 매우 중요했어. 이난나 여신과 길가메시 왕 이야기가 우루크 사람들을 하나로 묶어 주었듯이 왕국의 모든 사람을 하나로 묶어 주었기 때문이야. 하지만 왕국이 아무리 커도 국경이 있기 마련이고, 국경 너머에는 다른 이야기를 믿는 외국인들이 살았어. 그렇다면 서로 다른 나라에 살면서 서로 다른 이야기를 믿는 외국인들이 만났을 때 무슨 일이 일어났을까? 서로 싸웠을까, 아니면 사이좋게 지낼 방법을 찾았을까? 방법을 찾았다면 어떻게 찾았을까?

사람들은 다른 것을 두려워하는 습관이 있어. 외국인, 모르는 장소, 이상한 음식, 낯선 생각을 두려워하지. 심지어, '국경을 벗어나면 외국인이 우리를 죽일지도 모른다'고 생각하기도 해. 하지만 사람들은 머나먼 곳을 동경하기도 해. 이미 아는 것은 지루하지만 잘 모르는 것은 흥미진진한 법이니까! 지평선 너머에 놀라운 일들이 기다리고 있을지도 모르지. 보물과 기적을 만나고, 처음 보는 맛있는 음식을 먹고, 새로운 친구를 만날 수도 있잖아? 인생의 비밀을 아는 누군가를 만날지 누가 알아! 그래서 사람들은 두려움을 무릅쓰고 집을 떠나 국경 너머 멀리 여행하고 싶은 충동을 느끼지.

고대인이 집을 떠나 먼 곳으로 가서 외국인을 만났을 때 무슨 일들이 일어났는지 알아보기 위해 **우리도 상상 여행을 떠나 볼까?** 2200년도 더 전에 에페소스라는 도시에 헤라클레이토스라는 소년이 살았다고 상상해 봐. 그는 아버지와 함께 난생처음 에페소스를 떠나 바다 건너 카르타고라는 도시로 향했어.

고대에 많은 사람들이 이처럼 머나먼 여행을 떠나곤 했어. 우리는 고대 문서와 고고학 유물을 통해 에페소스와 카르타고 같은 도시가 어떤 모습이었는지, 당시 사람들이 어떤 종류의 배를 탔는지, 서로에게 어떤 이야기를 들려주었는지 알고 있어. 물론 소년 헤라클레이토스는 실존 인물이 아니고, 이제부터 들려줄 이야기도 실제로 일어난 일이 아니야. 하지만 에페소스와 카르타고는 실제로 존재했지. 오늘날 이들 도시는 우루크처럼 거미, 도마뱀, 고고학자들만 찾는 폐허가 되었어. 하지만 **2200년 전 카르타고는 아마 세계에서 가장 큰 도시였을 거야.** 시장으로도 유명했지. 많은 도시와 국가에서 상인들이 무역을 위해 그곳을 방문했고, 개중에는 에페소스에서 온 사람들도 있었어.

에페소스도 아주 중요한 도시였어. 아르테미스 여신을 섬기는 아름다운 신전으로 유명했지. 당시 에페소스에는 그리스어를 사용하는 그리스인들이 살았어. 그렇다면 오늘날 아름다운 아르테미스 신전 유적을 보려면 어디로 가야 할까? 그리스로? 아니야. 튀르키예로 가야 해. 많은 그리스 도시가 2200년 전에는 지금의 튀르키예 해안에 있었거든. 혼란스럽지 않아? 하지만 역사란 그런 거야. 사람도, 국가도, 언어도, 종교도 끊임없이 변하지.

외눈박이 거인

　헤라클레이토스가 에페소스를 떠나기 전에 아르테미스 신전을 찾아가서 카르타고로 항해하는 동안 자신을 지켜 달라고 부탁했다고 상상해 봐. **아르테미스는 자연, 야생동물, 식물, 어린이를 돌보는 여신이었어.** 사람들 말에 따르면, 아르테미스는 하늘을 날고, 수백 킬로미터 밖에서 일어나는 일을 보고 들으며, 심지어 동물과 식물도 창조할 수 있었어. 또한 아르테미스는 끔찍한 질병을 다스리고, 화가 나면 무시무시해졌어. 사람들이 자신을 화나게 하면 하늘에서 마법의 활로 질병의 화살을 쏘는데, 그러면 그 사람들이 차례로 병에 걸려 죽는다고 했어. 그래서 헤라클레이토스는 아르테미스에게 질병, 야생동물, 폭풍, 그 밖의 악으로부터 자신을 지켜 달라고 빌었지.

아르테미스 신전은 헤라클레이토스가 지금까지 본 가장 거대한 건축물이었어. 사실 그 당시 모든 사람들이 본 가장 큰 건축물이었지. 사람들은 아르테미스 신전을 보기 위해 멀리에서 에페소스를 찾아왔고, 이 신전을 세계 7대 불가사의 가운데 하나로 꼽았어(나머지 여섯 개도 특별히 크고 아름다운 건축물과 조각상이었지).

아르테미스 신전은 길이 115미터, 너비 55미터, 높이 30미터에 달했어. 오늘날 축구장만큼 컸지! 반짝이는 하얀 대리석으로 지어진 신전을 대리석 기둥 120개가 떠받쳤어. 안으로 들어가면 금과 은으로 감싼 거대하고 아름다운 아르테미스 여신 상이 있었지. 또 벽에는 다른 조각상, 그림, 보석이 장식되어 있었어.

헤라클레이토스는 신전에서 아르테미스에게 기도한 후, 그가 좋아하는 극장으로 가서 작별 인사를 했어. 여러 대리석 기둥이 떠받치는 커다란 극장에서는 신과 영웅이 다양한 모험을 떠나는 연극이 공연되었지. 헤라클레이토스는 이런 연극을 좋아했고, 언젠가는 자신도 영웅이 되어 모험을 떠나는 상상을 했어. 어쩌면 훗날 누군가가 그 이야기를 희곡으로 쓸지도 모르지!

헤라클레이토스는 극장으로 가는 길에 친구들을 만났어. 친구들은 작별 인사를 하고 싶어서 헤라클레이토스를 찾고 있었어. 카르타고를 다녀오는 여행은 몇 달이 걸렸어. 당시에는 전화도 컴퓨터도 없었기 때문에 멀리 여행을 떠나면 오랫동안 소식을 전할 수 없었지. **어쩌면 영영 소식이 끊길 수도 있었어.** 친구들이 헤라클레이토스에게 물었어.

"헤라클레이토스, 왜 떠나는 거야?"

"아버지가 카르타고로 항해를 떠나는데 함께 가자고 했어."

"가지 마! 위험해! 에페소스 저편 세상은 키클롭스 같은 끔찍한 괴물들로 가득하다는 거 몰라? 키클롭스는 키가 4미터나 되고, 눈은 머리 한가운데에 하나만 달려 있고, 사람을 잡아먹는대!"

"나도 들었어! 그리고 마녀들 소문도 들었어. 마녀들이 자기네 집으로 꾀어서 맛있는 음식을 대접하는데, 음식 안에 마법의 약을 넣어서 음식을 먹으면 돼지로 변한대!"

"맞아! 그리고 사이렌도 있어! 사람 머리를 한 바닷새인데, 파도 아래 험악한 암초에서 살아. 지나가는 배를 보면 머리를 내밀고 황홀한 노래를 부르기 시작하는데, 일단 노랫소리를 들으면 도저히 거부할 수가 없대. 그래서 그 노래를 들으려고 점점 가까이 다가가다가……; 쾅! 험악한 암초에 부딪혀 배가 산산조각이 나지. 그러면 사이렌이 너를 덮쳐서 갈기갈기 찢어 버린대!"

헤라클레이토스는 약간 불안해졌지만 용감하게 대꾸했어.

"그런 건 두렵지 않아. 키클롭스나 사이렌이 나를 잡아먹으려고 다가오면 칼로 그 녀석들 배를 찌를 거야!"

그러자 또 다른 소녀가 말했어.

"바보 같은 소리 하지 마. 키클롭스나 사이렌 따위는 없어. 우리가 모르는 곳에 대해 **사람들이 꾸며 낸 이야기일 뿐이야.** 다른 나라 사람들도 우리에 대해서 무시무시한 헛소리를 지어낼걸. 에페소스에는 사람을 잡아먹는 거인과 마녀가 득실거린다고 말이야. 하지만 세계 어디를 가도 우리와 똑같은 사람들을 보게 될 거야."

소녀의 말이 옳았어. 키클롭스, 사이렌, 그리고 온갖 괴물들은 고대인들이 지어낸 이야기 속에서만 존재했지. 그 시절 특별히 훌륭한 이야기꾼이었던 호메로스는 두 가지 유명한 이야기를 썼어. 바로 《일리아스》와 《오디세이아》야. 《일리아스》는 아가멤논·메넬라오스·아킬레우스·오디세우스 같은 영웅들이 이끄는 그리스 군대가 트로이라는 도시를 정복하는 이야기야. 《오디세이아》는 오디세우스가 온 세상을 돌아다니며 키클롭스, 사이렌, 마법사, 마녀를 만나는 이야기지. **너도 아마 이 이야기의 일부라도 들어 봤을 거야. 그리고 원한다면 지금도 《일리아스》와 《오디세이아》 이야기를 모두 읽을 수 있어.**

"어쩌면 키클롭스와 사이렌은 사람들이 지어낸 이야기일지도 몰라. 그래도 외국은 위험해. 외국인도 아마 인간이겠지만 키클롭스만큼이나 위험해!"

"내 말이! 세상은 적과 해적, 무엇보다 로마인으로 가득하다고 들었어. 그들은 네 물건을 훔치고 너를 죽일 거야, 헤라클레이토스."

"그래도 나는 카르타고에 갈 거야. 카르타고에 로마인은 없어. 카르타고인들만 있지."

"그렇다고 해도 카르타고에 가면 위험할 거야! 그들은 아주 이상한 규칙을 정해 놓았을지도 몰라. 너는 낯선 그들의 규칙을 어길 테고, 그랬다가는 처벌을 받을 거야. 혹시 길거리에서 재채기하면 안 된다는 규칙이라도 있으면 어떡해? 가벼운 재채기라도 하면 감옥에 가거나 죽을 수 있어. 게다가 너는 그들의 언어를 모르기 때문에 이상한 규칙들에 관해 물어볼 수도 없어. 에페소스에서는 모두가 그리스어를 사용하지만, 카르타고에서는 아무도 그리스어를 몰라. 그들은 '페니키아어'라는 말을 사용하지. 너는 페니키아어를 한마디도 못하잖아! 도대체 어쩌려고 그래?"

"거기 가면 뭘 먹을 건대? **그들은 아마 이상하고 역겨운 음식을 먹을 거야.** 썩은 생선도 먹는다고 들었어!"

"게다가 아르테미스 여신도 믿지 않아! 우리는 여신을 위해 대리석 기둥과 황금 조각상으로 세상에서 가장 웅장한 신전을 지었어. 그래서 아르테미스가 우리를 지켜 주지. 하지만 카르타고에 가면 아르테미스 신전이 없는데, 어떻게 기도할래?"

"그곳에는 극장도 없어! 네가 극장과 최신 연극을 얼마나 좋아하는지 몰라? 카르타고에는 극장이 없다고! 그들은 극장이 뭔지도 몰라. 길거리에서 재채기해도 괜찮고, 썩은 생선을 먹어도 다행히 무사할지도 몰라. 그래도 지겨워서 죽을 맛일걸!"

"그런 건 하나도 두렵지 않아. 너희는 가지 말아야 할 핑계만 찾고 있어. 처음에는 세상이 외눈박이 거인으로 가득하다더니, 이제는 카르타고인들이 썩은 생선을 먹고 극장도 모른다고 말하잖아. 너희는 지금 아무 말이나 늘어놓고 있어. 카르타고를 내 눈으로 직접 보고 싶어. 그곳은 세계에서 가장 큰 도시라고 들었어. 그들이 아르테미스를 믿지 않는다면 어떤 신을 믿는지 알고 싶어. 그리고 극장이 없다면 내가 극장에 대해 가르쳐 주면 되잖아?"

고대 국가들의 건국 신화

많은 고대인은 헤라클레이토스의 친구들처럼 낯선 곳을 두려워하면서도 긴 항해를 떠나고는 했어. 에페소스와 카르타고뿐만 아니라 수많은 국가와 도시를 여행했지. 오늘날 우리가 그 사실을 어떻게 아느냐면, **고대인의 여행 이야기와 시를 발견했기 때문이야.** 심지어 그들이 탔던 배의 잔해도 발견했지.

1982년에 튀르키예 남쪽 바다, 울루부룬 곶 근처에서 고대 배 한 척이 발견됐어. 에페소스에서 그리 멀지 않은 곳이지. 처음 발견한 사람은 스펀지 원료인 해면을 건져 올리기 위해 잠수하던 젊은 어부 메흐메트 차키르였어. 그는 바다 밑바닥에서 이상한 물체를 발견하고 그 지역 고고학 박물관 관장에게 알렸어. 바다 밑을 조사하는 전문 고고학자 팀이 조사하러 왔지. 수심 50미터 부근에서 그들은 고대 배와 온갖 환상적인 보물을 발견했어.

울루부룬에서 배가 침몰할 때, 배에는 가까운 섬 키프로스에서 캐낸 구리 10톤이 실려 있었어. 주석도 1톤 실려 있었는데, 그중 일부는 수천 킬로미터 떨어진 우즈베키스탄에서 캐낸 것이었지. 또한 배에는 도구와 무기도 잔뜩 실려 있었어. 낫·끌·톱 하나, 쟁기날 하나, 화살촉·창촉·철퇴·단검·검 네 자루, 도끼 두 자루였지. 그리고 아프리카산 흑단나무, 코끼리 엄니 일부, 타조 알 껍질 몇 개, 하마 이빨 십여 개도 있었어. 고고학자들은 음식물 흔적도 찾아냈어. 올리브·무화과·아몬드·견과류·포도·석류뿐만 아니라, 고수·쿠민·옻나무 열매 가루 같은 향신료도 있었지. 마지막으로, 배에는 많은 보석이 실려 있었어. 금목걸이·은팔찌·조개 반지·호박구슬과 유리구슬, 그리고 상아로 만든 화장품 보관함 두 개, 현악기 류트의 울림통으로 쓰이던 거북이 등껍질, 그리고 **하마 이빨을 깎아서 만든 나팔도 있었지.**

고고학자들은 침몰한 배 안에서 발견한 흥미로운 물건들을 뭍으로 끌어올리기 위해 2만 2000번 이상 잠수해야 했어. 바다에서 스쿠버 다이빙을 하며 고대 보물을 찾는 일이라니, 정말 멋진 직업 같지 않아?

그런데 그 고대 배는 왜 침몰했을까? 사이렌의 노래나 외눈박이 거인 때문은 아니었어. 아마 폭풍 때문이었을 거야. 괴물이 존재하지 않았다 해도 세상은 여전히 위험했으니까. 헤라클레이토스의 친구들이 여행을 두려워한 데는 그럴 만한 이유가 있었어. 그래서 헤라클레이토스는 아버지의 배 테세우스호에 올랐을 때 약간 시무룩해 보였어.

"왜 그래, 헤라클레이토스. 무서워?"

제이슨이라는 젊은 선원이 물었어. 그는 헤라클레이토스보다 나이가 조금 많았고, 노란색 양털 외투를 입고 있었어.

"무섭지 않아!"

"무서운 게 정상이야. 나도 처음 대항해를 떠날 때 겁에 질려 있었지! **세 상이 용, 마녀, 해적으로 득시글거린다고 들었거든. 사람들은 키클롭스가 나 를 잡아먹지 않으면 외국인들이 잡아먹을 거랬지!**"

"사실이었어?"

"어느 정도는. 키클롭스나 마녀는 없었지만, 위험한 외국인들이 내 물건을 훔치고 나를 죽이려 했지. 하지만 친한 친구가 된 좋은 외국인들도 만났어. 그들 중 몇 명은 여기 테세우스호에 있어!"

"정말? 선원들 가운데 있다고?"

"맞아. 모든 선원이 에페소스 출신은 아니야. 자, 내 동료 오이디푸스를 소 개할게. 테베에서 왔어."

"오이디푸스라고? 무슨 이름이 그래?"

오이디푸스가 대답했어. "말도 마……. 어머니가 자신이 좋아하는 연극에 나오는 옛 왕의 이름을 따서 지어 줬어."

"정말? 나도 테베에 관한 연극을 본 적이 있는데, 그 연극에 용이 나왔어!"

"맞아! 아주 오래전, 테베는 용이 살던 땅이었어. 용이 살던 시절에는 아무 도 감히 테베에 발을 들여놓지 못했어. 그러던 어느 날, 페니키아 왕자 카드 모스 일행이 나타났지. 용은 카드모스의 친구들을 죽였지만, 카드모스는 싸 움 끝에 용을 물리쳤어. 그러자 아테나 여신이 나타나 카드모스에게 용 이 빨을 뽑아서 땅에 뿌리라고 말했어. 그 이빨에서 갑옷을 입고 칼을 든 병 사들이 자라나더니 카드모스를 공격했지. 카드모스는 병사들에게 돌을 던졌어. 이제 병사들은 카드모스를 내버려둔 채 자기들끼리 싸우기 시작했어. 거의 모두가 죽은 뒤에, 카드모스는 마지막 남은 다섯 명에게 싸움을 멈추고 함께 새로운 도시를 건설하자고 설득했어. 테베는 그렇게 세워졌지. 우리 테베인은 용의 후손이야. 우리는 용족인 셈이지!"

아킬레우스라는 다른 선원이 끼어들었어.

"흥미로운 이야기군. 그런데 말이야. 테베가 카드모스와 다섯 명의 용족 남자들 손으로 건설되었다면 도대체 자식은 어떻게 낳았지? 여자 용족에 대해서는 말하지 않았잖아."

"적당히 하지, 아킬레우스. 나는 적어도 발뒤꿈치에 난 작은 상처도 견디지 못한 남자의 이름에서 내 이름을 따 오지는 않았어. 지금 너는 용족이 아니라서 질투하는 거잖아!"

"하, 내가 질투를? 나 아킬레우스는 역사상 가장 위대한 영웅과 이름이 같고, 세상에서 가장 멋진 아이기나섬에서 태어났어! 우리 아이기나인이 어디서 왔는지 알아? 어느 날, 헤라 여신이 아이기나 사람들에게 화가 나서 전염병을 보냈어. 그 탓에 사람들이 모조리 죽었지."

"너희 아이기나 사람들이 어디서 왔는지 이야기해 준다더니, 무슨 딴소리야?"

"끝까지 들어 봐. 이야기 중간에 끼어드는 건 예의가 아니지. 어디까지 말했더라? 맞아, 아이기나섬은 텅 비었어. 그래서 **제우스 신이 기적을 일으켜** 아이기나 개미들을 인간으로 변신시켰어. 그래서 우리를 '미르미돈'이라고 부르지. '개미족'이라는 뜻이야. 우리는 개미처럼 사납고, 개미가 개미 왕에게 충성하듯 우리도 우리 왕에게 충성을 바쳐."

턱수염을 길게 기른 선원 요나가 비웃으며 말했어.

"개미에게는 왕이 없어! 여왕이 있지. 그리고 개미가 사납다는 말은 처음

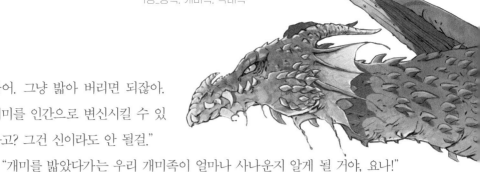

들어. 그냥 밟아 버리면 되잖아. 개미를 인간으로 변신시킬 수 있다고? 그건 신이라도 안 될걸."

"개미를 밟았다가는 우리 개미족이 얼마나 사나운지 알게 될 거야, 요나!"

"진정해. 나는 네가 두렵지 않아, 아킬레우스. 세상에서 가장 위대한 신이 나를 지켜 주니까. 그분은 우리 민족의 신이자, 하늘에 사는 위대한 아버지야. 나는 그분을 하늘 아버지라고 생각해. 우리 민족은 처음에는 이집트 땅에서 노예로 살았지만, 하늘 아버지가 우리를 구해 줬지. 이집트에 개구리를 비처럼 내리게 해서 태양을 가렸고, 우리는 그 틈을 타서 탈출할 수 있었어. 수많은 이집트 병사가 말을 타고 우리를 뒤쫓았지만, 하늘 아버지가 기적을 일으켜 바다를 갈랐지. 우리는 바다를 건너 기름진 가나안 땅으로 갔어. 이집트 병사들이 우리를 따라오자 하늘 아버지가 바다를 닫았고, 그들은 모두 물에 빠져 죽었어. 유대인의 역사는 이렇게 시작되었지."

요나의 말에 가이우스라는 선원이 끼어들었어.

"나는 이집트에 세 번이나 갔지만 아무도 그런 이야기를 모르던걸. 과연 이집트인들이 하늘에서 개구리가 비처럼 쏟아진 일이나 바다가 갈라졌던 일을 기억할까?"

"잊어버렸을지도 모르지. 워낙 오래전 일이니까."

가이우스가 으스대며 말했어.

"그런데 말이야, 이집트인들은 우리 민족이 다녀간 일은 잊지 않았더라고. 우리 민족이 어디에서 왔는지 모두가 알고 있었어. 오래전 알바 롱가 지역의 **공주가 쌍둥이 형제 로물루스와 레무스를 낳았어.** 형제의 아버지는 전쟁의 신 마르스였지. 당시 알바 롱가의 왕은 쌍둥이에게서 뭔가 예사롭지 않은 기운을 느꼈고, 언젠가 쌍둥이가 자기 왕국을 빼앗을까 봐 두려웠어. 그는 병사들에게 쌍둥이를 티베르강에 던져 버리라고 명령했지. 하지만 쌍둥이는 강가로 떠내려 갔고, 엄마 늑대가 그들을 발견했어. 늑대는 쌍둥이를 굴로 데려가서 잡아먹는 대신 젖을 먹였지! 쌍둥이 형제 로물루스와 레무스는 자라서 사악한 왕을 죽이고 새로운 도시 로마를 세웠어!"

헤라클레이토스가 놀라서 외쳤어.

"너는 로마인이구나!"

가이우스가 늑대처럼 으르렁거리며 말했어.

"그래, 맞아."

그러자 선원들이 웃으면서 헤라클레이토스에게 놀라지 말라고 말했어.

"그냥 겁주는 거야. 가이우스는 로마인이지만 네가 앞으로 만날 사람들 가운데 가장 좋은 사람이야. 개미 한 마리도 밟지 못해."

가이우스가 이번에는 진지한 얼굴로 말했어.

"그건 그래. 나는 내 친구 아킬레우스처럼 개미를 좋아해. **사람들은 개미를 신경 쓰지 않지만, 주의 깊게 보면 개미는 밟힐 때 고통스러워해.**"

"너는 어떻게 이 배에 오게 되었지? 그리스어는 어떻게 알아? 로마인들은 라틴어를 쓴다고 들었는데."

"나는 로마 병사였어. 사람들이 말하는 '레기온'이었지. 군대에서 나는 많은 폭력을 보았어. 그러다 더는 견딜 수 없었지. 그때 누군가가 내게 그러더라고. 인도라는 나라에는 개미조차 밟지 않을 정도로 폭력을 싫어하는 사람들이 산다고 말이야. 그래서 나는 인도를 여행해 보자고 결심했어. 하지만 해적들이 내가 타고 가던 배를 공격해서 모두 죽였어. 나는 배 밖으로 뛰어내려 나뭇조각에 매달린 채 사흘을 보냈어. 죽을 게 확실했지. 군대에서 저지른 나쁜 짓 때문에 신이 나를 벌주는 것 같았어. 그때 테세우스호를 타고 지나가던 네 아버지가 나를 구해 줬어. 아버지와 선원들이 정말 친절해서 나는 테세우스호에 남기로 했지. 그때가 10년 전이니까 그리스어를 배울 시간은 충분했지. 그래도 계속 여행해서 언젠가 인도에 가고 싶어."

헤라클레이토스가 물었어.

"그러면 요나, 너는 어떻게 그리스어를 할 줄 알지? 유대인은 히브리어를 쓰잖아."

"나도 비슷해. 자파 항구에서 이베리아로 가던 중에 폭풍우를 만나 배가 침몰했는데 큰 물고기가 내 목숨을 구해 줬지."

"물고기라니! 성경 이야기가 실화였어?"

"결과적으로는 그렇지. 나는 헤엄쳐서 무인도에 다다랐지만, 굶어 죽기 직전이었지. 마침 그때 정말 커다란 물고기를 잡아서 먹었어. 그 물고기가 나를 구한 셈이지. 물고기가 없었다면 나는 여기 없을 거야. 하늘 아버지가 그 물고기를 보내 준 게 확실해. 1주일 뒤에 테세우스호가 지나가다가 나를 발견했고, 나도 가이우스처럼 배에 남아 그리스어를 배웠지."

헤라클레이토스가 오이디푸스와 아킬레스를 돌아보며 물었어.

"그러면 너희 둘은? 그리스어를 어떻게 그렇게 잘해?"

테베인과 아이기나인이 함께 외쳤어.

"무슨 질문이 그래? 테베와 아이기나에서도 그리스어를 사용해! 에페소스인보다 잘한다고!"

더 크고 복잡한 세상으로

테세우스호 선원들처럼 인간은 여러 언어를 배울 수 있어. 너도 학교에서 제2 외국어를 배울 거야. 어쩌면 너희 가족이 집에서는 다른 언어를 사용할지도 모르지. 같은 언어를 사용한다고 해서 사람들이 같아지는 건 아니며, 같은 나라에 속해야 하는 것도 아니야. 오늘날 멕시코인, 아르헨티나인, 쿠바인은 모두 스페인어를 사용하지만, 저마다 다른 나라에 살아. 마찬가지로 고대의 에페소스인, 테베인, 아이기나인도 모두 그리스어를 사용했지만, 그들 모두가 소속된 하나의 거대한 그리스 국가는 존재하지 않았어. **당시 그리스는 수백 개의 독립된 부족, 도시, 섬, 왕국으로 나뉘어 있었어.** 그들은 저마다 다른 이야기를 믿었고, 다른 지도자를 따랐지. 이따금 서로 싸우기도 했어.

예를 들어, 그리스 도시 아테네와 스파르타는 큰 전쟁을 치렀어. 펠로폰네소스 전쟁이라고 해. 테베와 아이기나는 물론이고 거의 모든 도시가 두 편으로 나뉘어 전쟁에 참여했어. 아테네인과 스파르타인은 모두 그리스어를 썼지만, 그게 이 끔찍한 전쟁을 막지는 못했지. 유대인과 로마인 같은 다른 민족들도 그리스어를 배울 수 있었지만, 그런다고 그 민족들이 항상 평화롭게 지내란 법은 없었어.

언어가 사람들을 하나로 묶을 수 없었다면, 무엇 때문에 테베의 용족과 아이기나의 개미족이 에페소스인과 사이좋게 지낼 수 있었을까? 그리고 어떻게 로마의 늑대족, 유대인, 카르타고인까지도 서로 믿을 수 있었을까? 헤라클레이토스는 카르타고로 항해하는 내내 이런 의문을 품었을 거야.

헤라클레이토스는 생각했어.

'테세우스호 같은 작은 배에서는 사람들이 몇 명 없고 서로를 개인적으로
알아 갈 시간이 충분하기 때문에 사이좋게 지낼 수 있었을 거야. 아버지는
가이우스 같은 훌륭한 선원들만 테세우스호에 태웠고, 그들은 몇 년 동안 함
께 지내면서 모두 친구가 되었어. 하지만 우리가 카르타고에 도착하면 어떤
일이 벌어질까? **카르타고 시장은 세계에서 외국인이 가장 많이 모여드는 곳
이라고 들었어.** 그들은 대부분 며칠 동안만 머문다고 했지. 당연히 그들은 서
로의 언어를 배울 시간도, 서로의 이야기를 듣고 친구가 될 시간도 없을 거
야. 그렇다면 그들은 서로 어떻게 어울릴 수 있을까? 외국인들이 나를 공격
하고 내 물건을 빼앗으면 어쩌지? 혹시 카르타고에는 외국인 수천 명이 서로
신뢰할 수 있게 만드는 무슨 비결이라도 있나?'

헤라클레이토스의 이야기가 어떻게 끝나는지는 나중에 들려줄게. 그 궁금
증은 잠시 미뤄 두고, 먼저 카르타고 해안으로 가서 그곳에 숨겨진 비밀을 알
아보자. 🖐

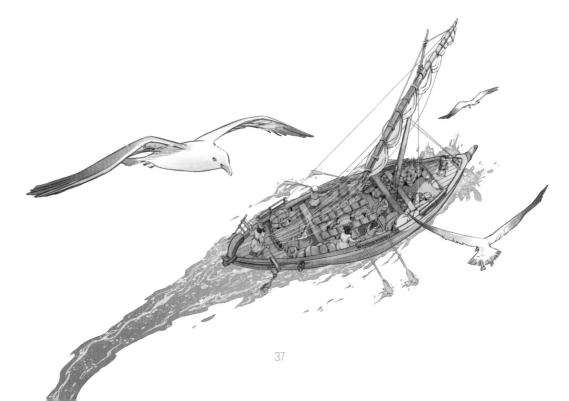

2장

고대 시장의
비밀

사라진 고대 도시를 찾아서

너는 머나먼 정글이나 사막으로 여행을 가서 오래전에 잊힌 신전과 숨겨진 보물로 가득한 사라진 도시를 발견하는 공상에 잠겨 본 적 있어? 이 공상은 현실이 될 수 있어. **전 세계 여러 곳에 사라진 고대 도시들이 있기 때문이지.** 카르타고도 그중 하나야.

카르타고는 북아프리카 지중해 바닷가에 세워진 도시였어. 오늘날 그 지역에는 튀니지라는 나라가 있지. 하지만 네가 튀니지로 여행을 가서 카르타고를 방문한다고 해도 볼거리가 많지는 않을 거야. 몇몇 유적과 부서진 대리석 기둥들, 여기저기 흩어진 돌무더기, 수많은 도자기 파편들뿐이니까. 아참! 거미와 전갈, 도마뱀도 있지. 하지만 네가 땅을 파 들어갈 수 있다면 신전과 궁전, 아름다운 조각상, 보석과 검, 황금 왕관, 은팔찌를 발견할지도 몰라. **고대 카르타고는 전성기에 세계에서 가장 크고 부유한 도시였거든.**

카르타고는 약 2800년 전 페니키아인들이 세운 도시야. 그들은 페니키아에서 바다를 건너 북아프리카로 왔어. 헤라클레이토스가 카르티고로 기고 있을 무렵, 카르타고에만 50만 명이 살았고, 주변의 작은 마을과 시골 동네에도 수천 명이 살았어.

이제, 시골 마을에서 카르타고로 올라온 두 아이들을 상상해 봐. 한니바알과 그의 여동생 사포니바알이야. 그들은 카르타고에 사는 큰누이를 만나러 난생처음 그 도시에 왔어. 올라온 김에 위대한 신 바알과 어머니 여신 타니트를 모시는 신전도 구경할 생각이야. 카르타고는 처음이었고 아주 큰 도시였기 때문에 한니바알과 사포니바알은 미로 같은 거리에서 금방 길을 잃었어. 다행히 시내에 사는 소녀 바트바알을 만나 도움을 부탁했지.

한니바알이 최대한 상냥한 목소리로 말을 걸었어.

"안녕? 바알과 타니트의 신전으로 가는 길을 알려 줄 수 있어? 우리가 길을 잃은 것 같아."

"물론이지! 길을 잃었다고 기죽지는 마. 여기 오는 사람들은 거의 매일 길을 잃으니까. 나는 바트바알이라고 해. 그냥 바티라고 부르면 돼."

"만나서 반가워, 바티. 나는 사포니바알이야. 사포라고 부르면 돼. 이쪽은 우리 오빠 한니바알이야. 간단히……, 아 참, 오빠는 이름을 줄여 부르는 걸 싫어해."

"맞아! 나는 내 이름 그대로가 좋아. 유명한 장군 한니바알의 이름에서 따왔거든."

"오, 나도 들어 봤어."

"모든 사람이 그의 이름을 들어 봤지! **그는 카르타고 군대와 전투 코끼리 부대를 이끌고 눈 덮인 알프스산맥을 넘었어.** 그때까지 아무도 감히 시도하지 못했던 일이지! 그는 칸나에 전투에서도 대승을 거두었어. 로마의 열여섯 군단을 한 방에 물리쳤지!"

사포니바알이 눈을 흘겼어.

"오빠는 입만 열면 그 이야기를 해. 한니바알이 결국 전쟁에서 졌다는 말은 항상 빼먹더라."

붐비는 거리를 걷는 동안 사포니바알과 한니바알은 눈에 들어오는 모든 풍경이 놀라웠어. 시골에서는 작은 집과 오두막에 살았고, 물을 마시려면 우물까지 걸어가야 했지. 하지만 카르타고 도시인들은 높은 아파트 단지에 살았고, 높은 층까지 물을 끌어오는 파이프도 있었어! 더더욱 놀라운 점은 사람들이 아주 많다는 사실이었어. 한니바알과 사포니바알이 사는 마을에는 100명 정도 살았는데, 그들은 모두를 알고 지냈지. 개와 염소까지도. 카르타고에는 50만 명의 카르타고인뿐만 아니라 수천 명의 외국인이 머물고 있었어. 두 아이들은 지나가는 사람들이 말하는 각양각색 외국어를 듣고 깜짝 놀랐어.

충격을 받은 한니바알이 외쳤어.

"위대한 바알과 타니트여! 누군가 라틴어로 말하는 소리를 들은 것 같아! 여기에 로마인들도 있어?"

바트바알이 말했어.

"진정해. 그건 그리스어였어. 하지만 로마인들도 있기는 해."

"위대한 바알과 타니트여! 저들을 죽여야 해! 저들이 우리를 죽이기 전에 빨리!"

"아무도 누군가를 죽이지 않아. **한니바알 장군이 전쟁에서 진 뒤로 카르타고와 로마는 줄곧 평화롭게 지냈어.**"

한니바알이 로마인에 대해 불평을 늘어놓기 전에 사포니바알이 잽싸게 물었어.

"바티, 이 외국인들은 왜 여기에서 지내고 있어? 바알과 타니트 신전을 보러 온 거야?"

"그런 사람도 있지. 하지만 대부분은 시장에 온 거야. 카르타고 시장에서는 무엇이든 살 수 있어. 무려 코끼리도."

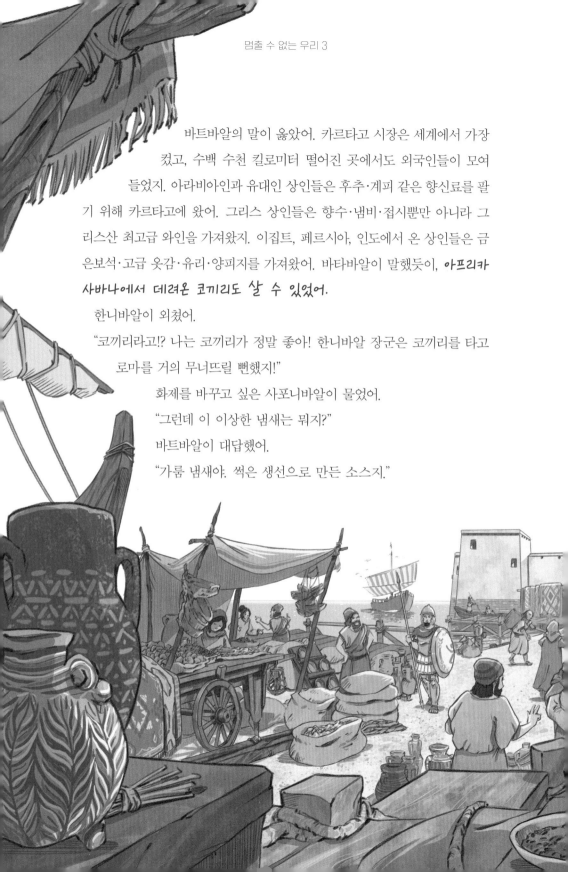

바트바알의 말이 옳았어. 카르타고 시장은 세계에서 가장 컸고, 수백 수천 킬로미터 떨어진 곳에서도 외국인들이 모여들었지. 아라비아인과 유대인 상인들은 후추·계피 같은 향신료를 팔기 위해 카르타고에 왔어. 그리스 상인들은 향수·냄비·접시뿐만 아니라 그리스산 최고급 와인을 가져왔지. 이집트, 페르시아, 인도에서 온 상인들은 금은보석·고급 옷감·유리·양피지를 가져왔어. 바타바알이 말했듯이, **아프리카 사바나에서 데려온 코끼리도 살 수 있었어.**

한니바알이 외쳤어.

"코끼리라고!? 나는 코끼리가 정말 좋아! 한니바알 장군은 코끼리를 타고 로마를 거의 무너뜨릴 뻔했지!"

화제를 바꾸고 싶은 사포니바알이 물었어.

"그런데 이 이상한 냄새는 뭐지?"

바트바알이 대답했어.

"가룸 냄새야. 썩은 생선으로 만든 소스지."

사포니바알과 한니바알이 동시에 외쳤어.

"썩은 생선 소스를 먹는다고?"

"세상에서 가장 맛있는 양념이지! 최고급 가룸은 스페인산이야. 작은 물고기 내장을 소금에 절여서 햇빛 아래 몇 달 동안 발효시켜. 카르타고 상인들이 스페인에 가서 가룸이 가득 담긴 항아리를 가져오면 다른 나라 상인들이 그걸 사 가지. 한번 먹어 볼래?"

둘이 동시에 말했어.

"사양할게. 썩은 생선은 됐어. 우리는 올리브유가 더 좋아."

"올리브유 하면 또 이곳이지! 다음 골목에 올리브유 가게가 있어. 그리스 상인들이 가져온 세계 최고의 올리브유를 판매하지! 내가 장담하는데, 카르타고 시장에서는 무엇이든 구할 수 있어. **전 세계 사람들이 이 시장으로 모여드는 이유지.** 카르타고가 세계에서 가장 부유한 도시가 된 이유이기도 하고."

"그러니까 사람들이 올리브유와 계피, 코끼리를 팔기 위해 이곳에 왔다가 썩은 생선 소스와 옷감을 사서 그리스나 아라비아 또는 다른 어딘가로 돌아간다는 말이지?"

"대부분은 그렇지. 하지만 이따금 더 오래 머물기도 해. 평생 눌러사는 사람도 있고, 우리 할아버지처럼."

"할아버지라고?"

"응, 할아버지 이름은 헤라클레이토스야. 우리 나이쯤일 때 그리스 도시 에페소스에서 아버지와 함께 카르타고 시장에 왔대. 그때 카르타고 소녀였던 할머니와 사랑에 빠져서 이곳에 눌러살았지."

한니바알은 입버릇처럼 다시 감탄사를 내뱉었어.

"오, 위대한 바알과 타니트여! 우리를 속였어. 너는 그리스인이잖아! 그런데 왜 카르타고 이름을 가졌지?"

"나는 그리스인이 아니야. 너희들처럼 카르타고인이야. 나도 너희들처럼 바알과 타니트를 믿어. 할아버지에게 배운 몇 마디 욕설 말고는 그리스어를 할 줄 몰라. 할아버지는 평소에는 페니키아어로 말하지만, 뿔이 잔뜩 나면 그리스어로 욕을 하고는 해."

"아무리 그래도 너는 그리스인이지 로마인은 아니잖아. 그리스인은 우리 친구야. 그들도 로마인을 싫어해."

"위대한 바알과 타니트여! 나는 그리스인이 아니라니까! 할아버지가 바다 건너 왔다고 내가 외국인은 아니지!"

"그런데 말이야. 예전에 할머니한테 듣기로는 모든 카르타고인은 원래는 바다를 건너온 사람들이래. 카르타고는 원래 누미디아

부족 땅이었는데, 페니키아에서 엘리사 여왕이 원정대를 이끌고 이곳에 왔대. 엘리사 여왕이 페니키아인들을 이끌고 도착했을 때, 누미디아 왕 이아르바스는 그들을 받아주지 않았어. 딱 황소 한 마리의 가죽으로 덮을 만큼만 땅을 주겠다고 말했지. 그래서 엘리사 여왕이 어떻게 했을까? 황소 한 마리를 잡아서 가죽을 벗긴 다음, 그 가죽을 잘게 잘라 거대한 영토를 둘러쌌어. 그렇게 해서 이 땅에 카르타고를 세웠지."

"네 말을 듣다 보니 기억이 나. 우리 할머니도 그 이야기를 해 준 적이 있어. 그럼 우리는 모두 과거에 다른 나라에서 온 외국인이었다는 뜻이네?"

사람은 나무와 달라

누가 외국인이고 누가 토박이인지 구분하기란 그리 간단한 문제가 아니야. **사람들은 때때로 이 나라에서 저 나라로 이주하지.** 외국인들은 정착해서 토박이와 결혼하기도 해. 물론 용의 이빨로 전사를 만들거나 개미를 인간으로 변신시키는 기적을 일으킬 수는 없지. 하지만 시간은 외국인을 서서히 토박이로 바꾸어 놓을 수 있어.

사포니바알과 한니바알은 잠자코 엘리사 여왕에 대한 이야기를 생각해 봤어. 그 이야기에 따르면 그들도 모두 외국인이라는 뜻이잖아. 결국 바트바알이 끼어들었어.

"우리 할아버지는 인간은 나무가 아니라고 말하곤 했어. 사람은 한 장소에 깊이 뿌리를 내리고 평생을 살지 않아. 두 다리로 이리저리 돌아다녀. 수레와 배를 발명하고부터는 훨씬 많이 이동하지. 그리고 이동할 때마다 조금씩 달라져."

47

"'달라진다'는 게 무슨 뜻이야?"

"우리 할아버지가 타고 온 배, 테세우스호에 일어난 일과 비슷해. 테세우스호는 원래 할아버지의 아버지 배였어. 할아버지의 아버지가 에페소스에서 만들었지. 테세우스호는 할아버지가 결혼 선물로 받으면서 할아버지 소유가 되었어. 그런데 1년 뒤에 테세우스호의 노 하나가 부러져서 할아버지는 카르타고 시장에서 구한 새것으로 교체했지. **그렇다면 그 배는 여전히 테세우스호일까, 아니면 다른 배가 되었을까?**"

"당연히 테세우스호지. 노 하나 교체한다고 배가 달라지지는 않아."

"그런데 이듬해에 또 다른 노가 부러져서 그것도 교체했어. 그래도 테세우스호일까?"

"물론이지."

"그 이듬해에는 폭풍우로 돛이 찢어져서 할아버지가 새 돛으로 교체했어. 이제는 어때?"

한니바알이 덜 자신 있는 목소리로 말했어.

"그래도 테세우스호야."

"그다음 해에 할아버지는 배 몸통에서 썩은 널빤지를 발견하고는 새 널빤지로 교체했어. 그래도 같은 배일까?"

"응, 같은 배라고 생각해. 널빤지 하나 바꾸었을 뿐이잖아."

"다음 해에는 두 번째 널빤지를 바꿨어."

한니바알은 바트바알이 이제껏 만나 본 가장 똑똑한 소녀라는 생각이 들기 시작했어.

"그래도 테세우스호야."

"해마다 할아버지는 널빤지를 교체했어. 그러다 결국 원래 널빤지가 하나밖에 남지 않았지. 마침내 그것마저 부서지자 할아버지는 새것으로 바꿔 끼웠어. 그래도 테세우스호일까?"

"아닌 것 같아. 배에 원래 있던 게 하나도
남지 않았잖아, 안 그래? 노도, 돛도, 널빤지도.
그런데 어떻게 같은 배일 수 있지?"

"말해 봐, 한니바알. 정확히 언제부터 테세우스호가
아니라 다른 배가 되었을까? 첫 번째 노를 바꾸었을 때?
첫 번째 널빤지를 바꾸었을 때? 아니면 마지막 널빤지를 바꾸었을 때?"

"좋은 질문이야, 바티. 언제부터 다른 배가 되었는지 모르겠어."

"사람들도 배와 같아. **서로 다른 집단 사이에 선을 긋기는 쉽지 않아.** 게
다가 사람들은 자주 그 선을 넘나들지. 먼 나라에서 온 외국인이라도 가족
이 될 수 있어. 우리 할아버지는 에페소스에서 테세우스호를 타고 여기 올
때 그리스인이었어. 하지만 할아버지의 손녀인 나는 카르타고인이야. 테세우
스호가 정확히 언제 새로운 배로 바뀌었는지 말하기 어렵듯이, 그리스인이
언제 카르타고인이 되었는지 말하기도 쉽지 않아!"

"무슨 말인지 알겠어, 바티. 다양한 나라 사람들이 시장에서 어울리기 시
작하면 누가 외국인이고 누가 토박이인지 확실히 구분하기 어려워. 하지만
한 가지 이해되지 않는 점이 있어. 시장에서 처음 만난 외국인들이 어떻게 교
류할 수 있지? 어떻게 서로에게 노, 돛, 옷, 올리브유, 썩은 생선 소스, 심지어
코끼리까지 팔 수 있지? 그들은 저마다 다른 나라에서 왔고, 다른 언어를 사
용하고, 다른 신을 숭배하고, 다른 이야기를 믿잖아. **그런데 어떻게 무언가
에 대해 합의하고 서로 신뢰할 수 있지?**"

"좋은 질문이야. 같은 언어를 쓰거나 같은 신을 믿지 않아도 모두가 신뢰
하고 동의하는 게 있기 때문이지. 그건 세상에서 가장 이상하면서도 가장 중
요한 것 가운데 하나야. 가게에 들어가서 보여 줄게. 그나저나 시장에 왔는

데 뭐 필요한 거 없어?"

사포니바알이 말했어.

"있어! 신발이 낡았어. 작년에 삼촌이 만들어 준 건데, 솔직히 말해서 삼촌은 솜씨가 좋지는 않아. 혹시 새 신발을 만들어 줄 사람이 시장에 있을까?"

"물론이지! 이 시장에는 많은 구두장이가 있어. 내가 가장 좋아하는 웬아문 아저씨한테 가자. 그는 이집트에서 왔는데 신발 만드는 천재야! 하지만 미리 말해 두는데 별로 친절한 사람은 아니야."

"그 사람이 신발을 만들어 줄까?"

"잘 말하면 될 거야."

역사상 가장 똑똑한 발명품

웬아문의 신발 가게에 들어선 사포니바알과 한니바알은 예쁜 신발들을 보고 깜짝 놀랐어. 특히 한 켤레가 사포니바알 눈길을 사로잡았지. 사포니바알은 그 신발을 가리키며 웬아문에게 최대한 친근한 목소리로 물었어.

"아저씨, 저런 신발을 만들어 줄 수 있나요?"

웬아문이 말했어.

"음……. 취향이 고급이군, 꼬마 아가씨. 저 신발은 나일 계곡의 악어 도시에서 가져온 이집트산 가죽으로 만들었지. 장식은 키프로스산 순수 구리야! 최고 중에서도 최고란다!"

"멋지네요! 지난번에 삼촌이 신발을 만들어 주면서 저한테 최고만 어울린다고 했거든요."

"삼촌은 신발 값으로 얼마를 받았지?"

"얼마냐니 무슨 말씀이죠? 우리 마을에서는 대가를 바라지 않고 필요한 물건을 주고받아요."

"하지만 여기는 너희 마을이 아니고, 나는 네 삼촌이 아니야. 네가 저 신발 값을 치를 수 있을지도 모르겠구나."

"그러니까 신발을 만들어 주는 대가로 무언가를 달라는 말씀이죠?"

"그래, 시장에서는 다들 그렇게 하지."

사포니바알이 가방을 뒤적이기 시작했어.

"어디 보자……."

웬아문이 말했어.

"멋진 가방이구나. 그 가방을 주면 신발을 만들어 주마."

"뭐라고요? 이건 할머니가 돌아가시기 직전에 만들어 준 가방이에요. 꽃과 새까지 손수 짜 넣었죠. 무엇과도 바꾸지 않을 거예요. 대신 오늘 아침에 바닷가에서 주운 멋진 조개껍데기가 있어요. 그걸 줄게요."

구두장이가 눈살을 찌푸렸어.

"반쯤 먹은 빵도 있어요."

구두장이는 눈살을 더욱 찌푸렸어.

"무화과도 다섯 개 있어요. 우리 마을 과수원에서 딴 거예요. 아주 달고 상큼해요!"

"가죽 신발 한 켤레를 무화과 다섯 개로 맞바꿀 수 있다고 생각해?"

"무화과를 더 가져다줄게요. 과수원에 한가득 있으니까 문제없어요."

"그런데 신발 한 켤레에 무화과를 몇 개나 받지? 100개? 200개? 1000개? 게다가 나는 무화과를 좋아하지도 않아. 많이 먹으면 배탈이 나거든."

"그러면 혼자서 다 먹지 말고 다른 사람들에게 나눠 주면 되잖아요. 예를 들어, 머리 손질이 필요하면 이발사에게 몇 개 줄 수 있죠."

"요즘 이발 한 번 하는 데 무화과를 몇 개나 받지?

혹시 이발사도 무화과를 싫어하면 어떡하지?"

"무화과를 좋아하는 이발사를 찾을 때까지 보관하면 어떨까요?"

"나를 바보로 아는구나? 내 신발은 몇 년 동안 신을 수 있지만 무화과는 며칠이면 썩을 거야. 됐다. 무화과와 신발을 바꾸지 않으련다. 내 가게에서 나가거라. 시간이 아깝다!"

바트바알이 주머니에서 반짝이는 금화를 한 개 꺼내며 말했어.

"잠깐만요. 이거면 신발을 팔겠죠?"

구두장이는 환하게 웃으며 바트바알 손에서 금화를 가져갔어.

"이제야 말이 통하는군! 신발을 만들어 주마!"

그는 사포니바알의 발 치수를 꼼꼼하게 재고, 새로 들어온 가죽에 몇 가지 표시를 하고 나서, 내일 새 신발을 가지러 오라고 말했어.

사포니바알은 기뻤지만 약간 혼란스러웠지.

"구두장이에게 준 그 반짝이는 건 뭐야? 왜 구두장이가 그걸 보자마자 신발을 팔겠다고 한 거야? 무화과를 준다고 할 때는 난리를 치더니, 그걸 보여 주니까 아무것도 묻지 않았잖아. 도대체 그게 뭔데 그래?"

바트바알이 사포니바알에게 금화를 하나 건네며 말했어.

"이건 돈이라는 거야. **돈은 인간이 만들어 낸 가장 똑똑한 발명품일 거야!**"

"아, 전에 돈에 대해 들은 적이 있어. 며칠 전에도 부모님이 돈 얘기를 했어. 실제로 본 건 처음이야. 우리 마을에서는 돈을 사용하지 않거든. 오빠, 이것 좀 봐. 금화 앞면에는 타니트 여신, 뒷면에는 말이 새겨져 있어!"

한니바알이 외쳤어.

"놀라워! 그런데 바티, 돈은 어떻게 작동하는 거야? 정말 예쁘기는 하네. 하지만 심술궂은 구두장이가 이걸 그토록 갖고 싶어 한 이유가 뭐야? 이게 무슨 쓸모가 있지?"

돈은 어떻게 생겨났을까

한니바알의 마지막 질문은 매우 중요해. 오늘날도 많은 사람들이 궁금해하는 질문이지. 돈이 어떻게 작동하는지 이해하기란 쉽지 않지만, 오늘날 세상에서 일어나는 거의 모든 일이 어떻게든 돈과 관련되어 있어. 아마 네 부모님도 돈을 벌기 위해 매일 많은 시간을 힘들게 일할 거야. 대다수 어른들이 인생의 대부분을 그렇게 보내지. 그리고 네가 새 신발을 사 달라거나 놀이공원에 가자고 조르면, 부모님은 "미안하지만 돈이 별로 없단다."라고 말할지도 몰라. **너도 거의 매일 돈을 쓸 거야.** 그것으로 간식을 사 먹고, 생일 선물로 받기도 할 거야. 스케이트보드 같은 특별한 물건을 사기 위해 돈을 모으고 있을지도 모르지.

돈은 카르타고 시장의 비밀이자 역사 속 수많은 큰 시장들의 비밀이었어. **돈은 한 번도 만난 적 없는 외국인들이 사이좋게 지내고**, 서로 협력하고, 물건 가격을 흥정하게 해 주었어. 그런데 돈이란 정확히 무엇일까?

다양한 시대와 장소에서 다양한 종류의 돈이 발명되었어. 하지만 돈의 기준은 모두 같아. 사람들이 항상 가지고 싶어 하는 것이어야 해. 그것만 주면 누구나 신발이나 무화과, 또는 스케이트보드를 기꺼이 내줄 만큼. 카르타고 시장이 처음 생겼을 때 사람들은 금이나 은 같은 귀금속 덩어리를 돈으로 사용했어. 수백 년 뒤, 에페소스와 근처 몇몇 도시에서 처음으로 이 금속 덩어리로 아름다운 동전을 만들었어. 그 후에 그리스 상인들이 이 아이디어를 카르타고에 전했고, 카르타고 사람들도 동전을 만들기 시작했어.

다른 나라에서는 다른 종류의 돈을 사용했어. 예를 들어, 동아프리카와 남아시아의 많은 지역에서는 개오지 조가비를 돈으로 사용했지. 개오지 조가비는 아프리카와 아시아의 몇몇 섬과 해안에서 발견되는 특별히 예쁜 조가비야. 이 지역 사람들은 개오지 조가비를 쌀·콩·돼지와 바꿨어. 개오지 조가비가 가득 담긴 자루를 들고 시장에 가서 신발이나 냄비 같은 필요한 물건을 사고 머리를 깎을 수 있었지.

나중에는 거의 모든 나라가 알록달록한 종이 지폐를 돈으로 사용하기 시작했지. 너도 아마 지폐를 사용할 거야. 하지만 **현재 대부분 돈은 금속 동전이나 종이 지폐가 아니야.** 물론 조가비도 아니지. 오늘날 대부분 돈이 무엇으로 만들어지는지 알아?

컴퓨터의 전자 정보로 만들어져. 누군가가 100만 달러를 가지고 있다고 가정해 봐. 그 사람은 1달러짜리 동전 100만 개, 또는 10달러짜리 지폐 10만 장을 집에 쌓아 놓지 않아. 대신 은행의 커다란 컴퓨터에 숫자로 저장돼 있지. 그 사람이 100달러짜리 신발을 사고 싶다면, 그 전자화폐에서 100달러를 신발 가게의 은행 계좌로 보내면 돼. 신용카드를 사용하거나, 컴퓨터나 스마트폰으로 클릭 몇 번만 하면 끝나지. 상점이 아무리 먼 외국에 있어도 몇 초 안

에 돈이 도착해. 네가 상점에 돈을 보내면, 은행 컴퓨터에 저장된 네 파일에는 100달러가 줄어들었다고 표시되고, 상점의 컴퓨터 파일에는 100달러가 늘어났다고 표시될 거야. 사람들은 이제 컴퓨터에서 컴퓨터로 전자화폐를 이체하는 행위만으로 세계 곳곳에서 만든 신발, 자전거, 집, 심지어 우주선까지 살 수 있어.

모든 종류의 돈은 아주 유용했어. 신발부터 우주선까지 온갖 물건을 손쉽게 사고팔도록 해 주었으니까. 사람들은 무화과를 가득 실은 수레를 끌고 시장에 가는 대신, 동전과 지폐가 든 작은 지갑이나 전자화폐가 저장된 스마트폰만 가져가면 돼. 돈이 썩을까 봐 걱정할 필요도 없어. 무화과는 금방 썩지만, 동전·지폐·신용카드·전자화폐는 그렇지 않아.

돈 덕분에 무엇보다 거래가 편리해졌어. 모든 사람이 항상 돈을 원하기 때문이야. 사포니바알이 무화과로 신발을 사는 데 어려움을 겪은 까닭은 구두장이 웬아문이 무화과를 싫어했기 때문이지. 하지만 돈을 들고 신발 가게에 들어가면 아무리 심술궂은 구두장이라도 절대 마다하지 않아.

우리는 돈에 너무 익숙해져서 모두가 돈을 원한다는 사실을 당연하게 받아들여. 하지만 생각해 보면 매우 이상한 일이야. **다른 동물들은 돈에 관심이 없잖아!** 코끼리에게 무화과 한 개, 1달러 지폐 100만 장이 채워진 여행 가방, 반짝이는 금화가 가득 담긴 금고 중에서 하나를 고르라고 하면, 코끼리는 보나 마나 무화과를 고를 거야. 그렇다면 왜 인간은 지폐와 금화를 가치 있게 여길까?

왜냐하면 우리가 돈에 대해 주고받는 이야기들 때문이야. 사람들은 돈에 일정한 값어치가 있다고 말하고, 그 이야기를 믿어. 돈이란 그것을 만든 금이나 종이나 조가비 자체가 아니야. 돈은 이야기야. 네가 난생처음 돈을 봤다고 생각해 봐. 누군가가 네게 동전이나 지폐를 보여 주면서 이야기를 들려

줄 거야. "보이니? 매우 값진 거란다! 무화과 1000개 값어치가 있어! 네가 이 돈을 갖고 싶다면 오랫동안 열심히 일해야 해." 만일 너와 주변 사람들이 모두 그 이야기를 믿는다면 그 동전이나 지폐는 실제로 가치를 지니게 돼.

돈은 지금까지 인간이 지어낸 가장 성공적인 이야기야. 왜냐하면 전 세계 거의 모든 사람이 믿는 유일한 이야기이니까. 용의 이빨이 전사로 변한다거나 제우스 신이 개미를 인간으로 변신시킨다는 이야기를 모든 사람이 믿지는 않아. 하지만 돈은 모두가 믿지. 사람들은 돈이 무화과를 코끼리로 바꿔 준다고 믿어. 네게 무화과가 충분히 있다면, 너는 무화과를 팔아서 번 돈으로 코끼리를 살 수 있어.

카르타고 시장에서 외국인 수천 명이 거래할 수 있었던 비결은, 금화 그 자체가 아니라, 바로 금화에 대한 이야기 때문이었어. 돈에 대한 이야기 덕분에 다른 이야기에는 동의하지 않는 사람들도 신발 한 켤레나 코끼리 한 마리의 값에는 동의했지. 같은 돈을 사용하는 한, 사람들은 아무리 차이가 있어도 함께 어울려 무화과·신발·코끼리를 거래할 수 있었어.

세상 모두를 연결해 주는 돈

돈에 대한 이야기는 왜 그토록 설득력을 가졌을까? 너는 최초의 돈이 매우 아름다워서 사람들이 그것을 믿기 시작했다고 생각할지도 몰라. 예를 들어, 고대 동전은 반짝이는 금과 은으로 만들어졌고, 신과 신전 그림이 아름답게 새겨져 있었지. 현대의 지폐에도 신과 신전, 중요한 인물과 유명한 건물이 알록달록 그려져 있어. 동전과 지폐에는 왕과 신에 관한 시나 전설 같은 짤막한 글귀도 적혀 있어. 예를 들어, 미국 달러에는 '우리가 믿는 하나님 안에서'라는 영어 글귀와, '여럿이 모여 하나'라는 뜻의 라틴어 'E pluribus unum'이 적혀 있어. 이 글귀가 무엇을 뜻할까? 미국의 신과 달러 이야기를 믿음으로써 미국이라는 국가에 소속감을 느낄 수 있다는 뜻이야.

이런 그림이나 시나 글귀 말고도, 돈에는 뭔가 중요해 보이는 길고 복잡한 숫자가 적혀 있어. 오늘날 많은 사람들이 사용하는 전자화폐에는 신 그림은 없지만, 대신 사람들이 신뢰할 수 있도록 매우 복잡한 숫자 암호가 들어 있지.

집에 동전이나 지폐가 있어? 한번 자세히 살펴봐. 그 작은 공간에 그림과 글귀와 숫자가 얼마나 많이 들어 있는지 알면 깜짝 놀랄 거야.

하지만 그것만으로는 생각이 눈곱만큼도 일치하지 않는 외국인들이 돈 이야기만큼은 받아들이는 이유를 설명할 수 없어. 카르타고 시장에 모인 사람들이 모두 동전에 적힌 글자를 읽을 수 있던 것은 아니잖아. 카르타고 동전 속 글자들은 페니키아어로 적혀 있었고, 모든 외국인이 페니키아어를 알지는 못했지. 마찬가지로 모두가 카르타고 동전에 담긴 타니트 여신을 믿지도 않았지. 실제로 카르타고 시장에서는 카르타고 동전 말고도 다양한 동전을 사용할 수 있었어. 아테나 여신이 새겨진 아테네 동전, 베누스 여신이 새겨진 로마 동전도 사용했지. 그러니까 사람들은 분명 어떤 여신에 대한 이야기 때문에 돈을 믿지는 않았어. 그렇다면 무엇 때문이었을까?

이 질문에 답하기 위해 사포니바알과 웬아문에게로 돌아가 보자. 사포니바알은 아름다운 새 신발을 찾으러 시장에 갔을 때 웬아문에게 물었어.

"왜 아저씨는 하루 종일 쉬지 않고 일할 만큼 금화를 간절히 원하죠? 정말 이해가 안 돼요! 어제부터 줄곧 생각해 봤지만 도무지 모르겠어요."

"처음 시장에 왔을 때는 나도 그랬어. 사람들이 금화를 간절히 원하는 모습을 보고 정말 이상하다고 생각했지. 도무지 이해할 수 없었어. **금화는 예쁘기는 하지만 먹을 수도 마실 수도 없잖아?**"

"맞아요!"

"금화에는 위대한 신이 새겨져 있지만 나는 그 신들을 믿지 않아. 나는 이집트 신 아문·오시리스·이시스를 믿는데, 대부분 금화에는 카르타고 여신 타니트나 아테네 여신 아테나가 새겨져 있지. 시장 사람들이 이 금화에 대해 온갖 경이로운 이야기를 들려주었지만, 나는 페니키아어를 몰라서 그들의 말을 거의 알아듣지 못했어."

"그런데 왜 금화를 좋아하기 시작했어요?"

"사람들이 무슨 말을 하는지는 알아듣지 못했지만 그들이 무엇을 하는지는 볼 수 있었거든. 시장에 온 사람들이 모두 간절히 금화를 원한다는 사실을 알아챘지. 나는 금화를 주면 무화과를 파는 사람들을 보았어. 또 금화를 주면 커다란 수박을 파는 사람들을 보았지. 이발사는 금화를 주면 머리를 잘라 주었고, 의사는 금화를 주면 병을 치료해 주었어. 심지어 두 범죄자들이 금화 몇 개를 손에 넣기 위해 사람을 죽이는 모습도 보았지."

사포니바알이 외쳤어.

"오, 바알과 타니트여!"

"맞아 끔찍한 일이었지. 하지만 나는 그 일 때문에 아주 중요한 사실을 깨달았어. 내가 금화에 관심이 없어도 금화를 가지고 있으면 원하는 것을 무엇이든 살 수 있었지! 인도 상인이 가져온 옷감, 아라비아 상인이 가져온 향신료, 그리스 상인이 가져온 향수, 카르타고 상인이 가져온 썩은 생선 소스까지도. 그 사실을 깨달은 뒤로는 최대한 많은 금화를 가지려고 노력했어."

"그러니까 돈을 믿지 않아도 돈을 사용하는 데는 문제가 없다는 뜻이네요. 다른 사람들이 돈을 믿는다는 사실만 믿으면 되는군요!"

사포니바알은 방금 돈이 가진 가장 큰 비밀을 깨달았어. 같은 언어를 사용하지도, 같은 신을 믿지도 않는 외국인들을 돈이 어떻게 연결해 주는지 이해했지. 다른 사람들이 돈을 원하는 모습을 보면 너도 돈을 원하게 돼. 우리

는 돈 자체로는 아무것도 할 수 없어. 하지만 돈이 있으면 다른 사람에게 물건을 사거나 어떤 일을 해 달라고 요구할 수도 있어. 돈을 만드는 건 금도 종이도 조가비도 전자 정보도 아니야. 돈을 만드는 건 신뢰야. 다른 사람들이 돈을 원한다는 사실을 믿기만 하면 너도 돈을 믿게 돼.

사람들이 돈에 대한 신뢰를 잃으면 어떻게 될까? 돈을 줘도 농부가 무화과를 팔지 않고, 구두장이가 신발을 팔지 않고, 이발사가 머리를 잘라 주지 않으면? 그때는 돈이 모든 가치를 잃고 사라질 거야.

어쩌면 내일 아침에 일어나면 사람들이 더 이상 돈을 신뢰하지 않을지도 몰라. 그러면 네가 평생 모은 돈이 휴지 조각이 될 거야. 금화가 산더미처럼 쌓여 있어도 신발 한 켤레 살 수 없겠지. 10억 달러를 가지고 있다는 정보가 은행 컴퓨터 파일에 저장되어 있어도 그 돈으로 무화과 한 개도 사 먹을 수 없을 거야.

돈은 위험해

카르타고 시장에서 만난 외국인들이 서로를 신뢰하고 협력할 수 있었던 비결은 돈이었어. 오늘날도 마찬가지야. 돈은 전 세계 사람들을 하나로 연결해 주지. 너를 모르고 네가 사용하는 언어도 모르는 지구 반대편 사람들이 너를 위해 기꺼이 식량을 기르고, 책을 쓰고, 영화에 출연하고, 새로운 약을 만드는 이유는 바로 돈 때문이야. 돈 덕분에 전혀 다른 곳에서 온 두 사람이 만나 협력할 수 있어. 그들은 똑같은 신이나 용 이야기를 믿을 필요가 없지. 그저 다른 사람이 돈을 믿는다는 사실만 믿으면 돼.

하지만 돈은 엄청나게 위험할 수도 있어. 카르타고 시장 사람들 사이에는 무엇보다 돈을 사랑한 미다스 왕 이야기가 떠돌았어. 그는 에페소스 근처 프리기아 왕국의 왕이었어. 어느 날, 마법사가 미다스 왕에게 가장 원하는 소원을 들어주겠다고 말했어. 미다스 왕은 잠시 생각하더니 이렇게 말했지.

"원하는 게 너무 많아서 하나만 고르기가 어렵소. 그러니까 이렇게 합시다. 내가 만지는 것은 무엇이든 금으로 변하게 하는 힘을 주시오. 그러면 원하는 만큼 많은 금화를 만들어서 세상 모든 것을 살 수 있을 테니까."

마법사는 웃으며 말했어.

"미다스 왕이여, 소망이 이루어졌소. 당신은 이제 황금의 손길을 가지게 되

었소."

미다스는 새로운 능력을 당장 시험해 보았어. 그는 작은 돌을 집어 들었지. 그가 돌을 만지는 순간 돌이 금으로 변했어. 또 거대한 나무를 만졌더니 나무가 통째로 금으로 변했지. 왕은 매우 기뻐하며 신하들에게 그 황금 나무로 금화 백만 개를 만들라고 명령했어.

"하루아침에 이렇게나 많은 돈을 벌었구나. 이제 점심을 먹으러 궁전으로 돌아가자."

미다스 왕은 자신이 아끼는 말에 올랐어. 하지만 그가 말을 만지는 순간 말이 금으로 변했지. 미다스는 조금 놀랐어.

"안타깝군! 내가 가장 아끼는 말이었는데. 하지만 무슨 상관이람. 이제 세상 모든 말을 살 수 있는데!"

왕은 걸어서 궁전으로 돌아가 점심을 달라고 했어. 요리사들이 점심을 준비하는 동안 돈을 벌고 길을 걷느라 배가 고팠던 왕은 탁자 위에 놓인 사과를 집어 들었지. 그러자 사과는 금으로 변했고, 미다스는 그것을 베어 물다가 이가 부러졌어.

"안 돼! 이제 어쩌지? 먹을 수 없으면 굶어 죽을 텐데!"

그는 왕실 의사를 불러 약을 지어 달라고 했지만, 실수로 의사를 만지고 말았어. 그 바람에 의사도 황금 조각상으로 변했어.

공포에 질린 미다스 왕은 궁전이 떠나가라 비명을 질렀고, 그러자 왕비가 무슨 일인가 싶어서 달려왔어. 미다스는 왕비를 끌어안았어. 왕비 어깨에 얼굴을 묻고 울면서 무슨 일이 일어났는지 들려주었지……. 그런데 왕비는 차갑게 굳은 채로 말이 없었어. **미다스는 사랑하는 아내마저 핏기 없는 금덩어리로 바꾸고 말았지.**

궁궐의 모든 사람이 겁에 질려 황급히 도망쳤어. 하인, 군인, 심지어 왕자들마저 미다스가 만질까 봐 두려워서 궁궐을 떠났지. 왕은 미쳐서 궁궐 창밖으로 몸을 던져 강물로 떨어졌어. 그런데 미다스의 손이 강물에 닿는 순간 물은 단단한 금으로 변했어. 왕은 딱딱하고 반짝이는 수면에 부딪혀 죽었지. 그제야 프리기아 왕국은 미다스의 무시무시한 황금 손길에서 벗어났어.

미다스 왕 이야기는 전설일 뿐이야. 어떤 마법사도 모든 것을 금으로 바꾸는 힘을 줄 수 없어. 하지만 이 전설은 아주 중요한 교훈을 줘. 우리가 세상 모든 것이 돈으로 바뀌기를 원하고, 돈으로 뭐든 살 수 있다고 생각하면 결국 우리는 불행해지고 세상은 엉망이 될 거야. **친구나 사랑은 돈으로 살 수 없잖아, 안 그래?**

돈은 사람들이 다른 언어를 사용하고 다른 신을 믿더라도 서로 협력하도록 도와줘. 하지만 오직 동전과 지폐만 믿는 세상이 되면 우리 가슴은 마치 미다스 왕의 손길에 닿은 것처럼 차갑게 굳을 거야. 가난한 탓에 굶주린 사람을 보고도 그가 돈이 없다는 이유로 음식을 주지 않을 거야. 추위에 떠는 여자를 보고도 옷을 건네주지 않고, 아픈 소녀를 보고도 약을 지어 주지 않을 거야.

돈 때문에 가슴이 냉정하게 굳어 탐욕스러워진 사람들은 훨씬 더 나쁜 짓도 할 수 있어. 그들은 돈만 주면 도둑질과 살인도 할 거야. 심지어 국가들이 더 부유해지려고 전쟁에 나설 수도 있어. 고대 카르타고인들은 이 교훈을 절실히 깨달았지. 돈은 카르타고를 세계에서 가장 크고 부유한 도시로 만들어 주었지만, 카르타고 시장의 풍요로움은 외국 상인뿐만 아니라 외국 군대도 끌어들였어. 만남의 장소였던 시장은 결국 전쟁터가 되었지. 소년 한니바알이 로마인에 대해 계속 걱정한 데는 그럴 만한 이유가 있었어. 어느 날 그 늑대족이 강력한 군대를 앞세워 카르타고에 나타났고……, 로마 병사들이 신을 신발이나 사려고 카르타고에 찾아오지는 않았지. 🖐

3장

악당의 후예

적에게 배우기

역사책에는 전쟁이 수없이 등장해. 마법 약물과 비밀 주문을 무기로 싸우는 마법사들에 대한 판타지 책도 마찬가지야. 게임에도 전쟁이 많이 나와. 어떤 아이들은 일주일에 몇 시간씩 전쟁 게임을 하기도 해. 어쩌면 너도 고대를 배경으로 한 비디오게임 속에서 전사가 되어 여러 왕국을 여행하며 다른 전사들과 검을 들고 싸우고 있을지도 몰라. 또 다른 비디오게임에서는 우주선을 타고 별과 은하 사이를 날아다니며 레이저총으로 외계인과 전투를 벌이기도 할 거야.

컴퓨터가 발명되기 훨씬 전부터 아이들은 플라스틱 총이나 나무 검, 또는 장난감 병정으로 전쟁놀이를 했어. 1000년 전쯤 인도인은 체스를 발명했는데, 양쪽 군대가 한쪽 왕이 죽을 때까지 싸우는 게임이지. 나중에 페르시아인이 이 게임을 받아들였어. 오늘날 체스가 끝났을 때 쓰이는 영어 단어 '체크메이트 checkmate'는 '왕이 죽었다'는 뜻의 페르시아어 '샤 마트 shah mat'에서 왔어.

인류 역사에서도 전쟁은 아주 흔했어. **하지만 전쟁에서 그저 싸우고 죽이는 일만 일어났던 것은 아니었어. 모든 전쟁은 만남이기도 했지.** 시장에서와 마찬가지로 전쟁에서도 여러 나라 사람들이 만났고, 서로 영향을 주고받으며 여러모로 변화했어. 사람들은 적들이 어떤 무기를 사용하는지 보고 비슷한 무기를 만들기 시작했어. 또한 적들이 어떤 음식을 먹는지, 어떤 옷을 입는지, 어떤 놀이를 하는지, 어떤 신을 숭배하는지 보고 그중 일부를 받아들이기도 했지. 때때로 사람들은 최악의 적에게서 가장 중요한 것을 배웠어.

체스에서 전쟁을 치르는 양쪽 군대는 서로에게서 아무것도 배우지 못해. 싸우다가 한쪽이 상대편 왕을 죽이면 게임이 끝나지. 네가 비디오게임에서 외계인을 쏠 때도 너는 외계인에게 아무것도 배우지 않고 그들도 네게 배우지 않아. 너는 그저 외계인들이 너를 죽이기 전에 그들을 최대한 많이 죽이려고 애쓸 뿐이야. 그런데 혹시 비디오게임 속 외계인들, 또는 체스에서 패배한 군대가 전투가 끝난 뒤 어떻게 되는지 궁금했던 적이 있어?

현실에서 국가들 사이에 전쟁이 벌어지면 어떤 일이 일어날까? 고대 카르타고로 돌아가서 로마 군단이 도착했을 때 무슨 일이 벌어졌는지 살펴보자.

적군이 몰려온다!

카르타고는 전쟁에 익숙했어. 카르타고는 외국 상인을 맞이하기 위해 항구와 시장을 열었지만, 도시 주변에 성벽을 쌓기도 했지. 그들은 금과 은으로 동전을 만들었지만, 철로 검을 만들기도 했어. 카르타고는 멀리 떨어진 도시와 국가로부터 상인들을 끌어들였지만, 많은 적들도 끌어들였어.

로마인은 카르타고의 최대 적이었어. 너는 이 책을 읽기 훨씬 전부터 로마인에 대해 들어 봤을 거야. 왜냐하면 로마인은 역사에서 손꼽히는 거대한 제국을 건설했기 때문이지. 로마인이 건설한 '제국'이란 정확히 무엇일까? **제국은 한 민족이 많은 외국 민족을 정복하고 그들에게 복종을 강요할 때 탄생해.** 로마인은 수많은 민족을 정복하고는 그들에게 로마 명령을 따르고 로마에 많은 세금을 내라고 강요했지. 로마 제국의 발아래 놓인 크고 작은 민족들은 로마 언어인 라틴어를 사용하기 시작했어. 그래서 라틴어는 매우 중요한 언어가 되었고, 심지어 오늘날에도 돈에 글귀를 새기거나, 바이러스부터 인간까지 수많은 대상의 이름을 지을 때 라틴어를 사용하곤 해. 예를 들어, '독'을 뜻하는 '바이러스 virus', 과학자들이 '인간'을 일컬을 때 붙이는 이름(학명)인 '호모 homo'도 라틴어야.

역사에는 로마 제국 말고도 중국 제국·아라비아 제국·스페인 제국·영국 제국 같은 많은 제국이 있었어. 이 때문에 현재 세계의 많은 사람들이 중국어, 아라비아어, 스페인어, 그리고 영국 제국의 언어인 영어를 사용해. 네가 누구건 네 조상 중 누군가는 이들 제국의 영토에서 살았을 거야.

로마인은 카르타고를 손아귀에 넣기 위해 여러 차례 전쟁을 일으켰어. 처음에는 카르타고 장군 한니바알이 대규모 군대와 코끼리 부대를 앞세워 몇 차례 대승을 거두었지……. 하지만 결국에는 로마군에 패하고 말았어. 그다음에는 거꾸로 로마군이 카르타고로 진격했지.

한니바알을 물리친 로마는 카르타고보다 훨씬 강했어. 하지만 카르타고는 여전히 크고 부유한 도시였고 병사와 무기가 많았지. 수만 개의 강철 검, 수십 척의 전함, 그리고 커다란 전쟁 기계인 투석기를 2000여 대나 갖추고 있었어. 투석기는 철과 나무로 만들어졌고, 커다란 돌을 수백 미터 밖까지 날려 보내 집과 배를 통째로 부숴 버리는 무기였지.

로마인은 힘만으로는 카르타고를 정복하기 어렵다는 사실을 잘 알고 있었어. 그래서 속임수를 썼지. 카르타고에 평화 조약을 맺자고 제안하면서, 먼저 모든 무기를 포기하라고 조건을 붙였지. 평화를 얻을 텐데 무기가 왜 필요하냐고 말하면서.

카르타고인은 의심이 들었어. 로마인의 제안을 믿어도 될지 자신이 없었지. 하지만 그들은 오래 전쟁을 치르느라 지쳤고 로마가 더 강하다는 사실도 알고 있었어. 그래서 로마의 평화 제안을 받아들이고 모든 검과 군함, 투석기를 파괴하거나 로마에 넘겼지.

마지막 검을 넘기고, 마지막 투석기를 부수고, 마지막 군함을 불태웠을 때 로마인이 말했어.

"아, 깜박하고 말하지 않은 조건이 하나 더 있어. **우리와 평화 조약을 맺으려면 카르타고를 포기해.** 카르타고를 불태워 없애야 평화를 얻을 수 있을 거야."

카르타고 사람들은 경악했어. 그들은 수백 년 동안 삶의 터전이었던 카르타고를 사랑했거든. 그들은 이웃과 만나 수다를 떨던 골목, 어릴 적 뛰어놀던 광장, 바알과 타니트 신에게 기도하던 신전, 조가비를 줍던 해변, 신발과 썩은 생선 소스를 사고팔던 활기찬 시장을 사랑했어. 이 모든 것을 포기하고 싶지 않았지.

게다가 카르타고인은 로마인이 거짓말쟁이라는 사실을 깨달았어. 카르타고를 포기하면 로마 제국이 정말로 평화 조약을 맺어 줄까? 어쩌면 로마인은 또 거짓말을 하고 있는지도 몰라. 카르타고를 불태운 후에는 자신들을 노예로 만들지 않을까? 카르타고인은 노예가 되고 싶지 않았어. 그래서 이제 검도, 투석기도, 군함도 없었지만, 도시에 남아 끝까지 싸우기로 결심했지.

사람들은 부엌에서 쓰던 냄비와 솥을 녹여 검을 만들었어. 의자, 테이블, 침대, 문짝을 부숴서 새로운 투석기도 만들었어. 심지어 집을 통째로 허물어서 튼튼한 대들보로 새로운 배까지 만들었지.

배와 투석기를 만들려면 묶고 맬 수 있는 밧줄도 필요했어. 어디에서 충분

한 밧줄을 구할 수 있을까? 먼 나라에
서 밧줄을 구해 오기에는 시간이 없었어.
그래서 머리를 길게 기른 모든 사람이 머리카락을
잘라 밧줄을 만들었지! 카르타고 시내에서 갑자기 민머리
가 유행했어. 바트바알과 사포니바알 같은 여성과 소녀들 사이에서
도. 사포니바알 오빠 한니바알처럼 검을 다루거나 돛을 올리거나 노를 잡을
줄 아는 사람은 모두 육군이나 해군에 입대했지. 카르타고 사람들은 사랑하
는 도시를 구하고 로마 제국 악당들에게 본때를 보여 주기로 결심했어.

그래서 어떻게 됐을 것 같아? 로마 군대는 너무 강했어. **스키피오 장군이
지휘하는 거대한 로마 군대가 용감한 카르타고인을 무너뜨렸지.** 스키피오
의 병사들은 마치 댐을 뚫고 쏟아지는 물줄기처럼 카르타고 성벽을 부수고
도시로 쏟아져 들어왔어. 로마 병사들은 엿새 동안 거리를 돌아다니며 눈에
띄는 모든 사람을 죽이고 모든 집을 불태웠지. 현대 고고학자들은 카르타고
유적에서 이 끔찍한 공격이 남긴 많은 흔적을 발견했어. 잿더미가 된 집, 투
석기로 던진 커다랗고 둥근 돌, 수많은 화살촉, 돌 부스러기 밑에 파묻힌 사
람의 해골까지.

마침내 스키피오가 병사들에게 카르타고인을 더 이상 죽이지 말라고 명령
했어. 그러고는 살아남은 카르타고인 5만여 명을 로마를 비롯한 여러 곳에
금화 몇 푼 받고 팔아넘겼지. 한때 카르타고에서 행복하고 자유롭게 살던 사
포니바알 같은 아이들은 부유한 로마 가정의 노예가 되었어.

　나머지 카르타고인에게는 카르타고 근처 작은 마을에서 살아도 된다는 허락이 떨어졌어. 아마 사포니바알의 오빠 한니바알도 시골 마을로 돌아왔을 테고, 바트바알도 도시에서 빠져나와 그곳에서 만났을 거야. 둘은 카르타고가 멸망하고 사포니바알이 노예로 팔려 간 일을 떠올리며 매우 슬퍼했고, 언젠가는 상황이 나아지기를 바랐어. 삶은 한동안 힘들었지. 스키피오는 카르타고인을 마을에서 살게 해 주는 대신 엄청난 세금을 걷어 갔어. 물론 카르타고를 일으켜 세우는 일은 꿈도 꾸지 말아야 했지. 한때 수만 명이 살던 거대한 도시에는 이제 거미, 전갈, 도마뱀 말고는 아무도 살지 않았어.

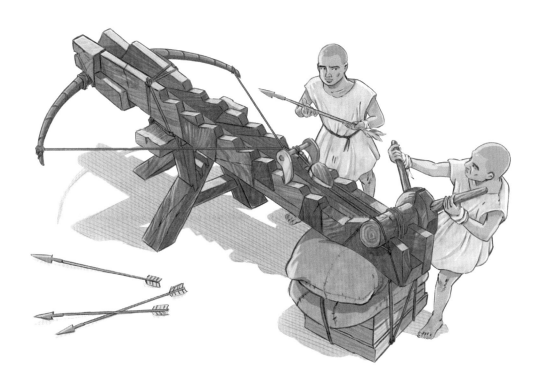

너는 이 결말에 실망했을지도 몰라. **우리는 악당과 거짓말쟁이가 패배하는 해피 엔딩에 익숙해.** 책과 영화에서 항상 그런 이야기를 보니까. 악당은 아주 강해 보이고 거짓말과 속임수를 쓰며 나쁜 일을 저지르고 다니지만, 스파이더맨이나 원더우먼 같은 영웅이 나타나 무찌르지. 언제나 착한 사람들이 온갖 역경을 딛고 승리해. 물론 대부분 액션 영화에서는 처음에 착한 사람들이 싸움에 지는 것처럼 보여. 처음부터 이기면 지루하니까. 영화가 시작되고 5분 만에 스파이더맨이 악당을 물리친다면 영화가 재미없을 거야. 그래서 보통은 악당이 스파이더맨을 속이고, 심지어는 그를 붙잡아서 도저히 빠져나가지 못할 것 같은 감옥에 가두지……. 하지만 결국 스파이더맨이 비밀 탈출구를 찾거나 원더우먼이 그를 도와줘서 마지막 순간에 악당을 물리쳐. 영화는 항상 그런 식으로 이야기가 흘러가지. 하지만 안타깝게도 현실은 그렇지 않아. 때때로 악당들이 승리하기도 해.

검투사 학교

로마인은 카르타고뿐만 아니라 그리스, 유대, 이집트, 영국, 그리고 수많은 다른 민족을 무너뜨렸어. 그들은 카르타고를 비롯한 수많은 도시를 불태웠고, 그곳에서 맞닥뜨린 거의 모든 사람들을 하인이나 노예로 만들었지. 이렇게 해서 로마 제국이 건설되었어. **다른 민족 사람들은 로마인이 얼마나 잔인한지 수군댔을 거야.** 하지만 로마인에게 붙들려 가지 않으려면 들키지 않게 조용히 말해야 했지.

노예가 된 카르타고 소녀 사포니바알도 노예가 된 다른 아이들을 만나서 끔찍한 이야기를 주고받았을 거야.

사포니바알이 말했어.

"로마 군대가 카르타고를 파괴했을 때 나는 노예가 되어 로마에 끌려왔어. 이곳 시장에서 부유한 로마인이 나를 금화 100냥에 샀지. 나는 그가 시키는 대로 일해야 해. 매일 해가 뜨기 훨씬 전에 일어나 그의 가족이 먹을 아침 식사를 준비해. 운이 좋으면 그들은 남은 음식을 먹게 해 줘. 그다음에는 접시를 닦고, 바닥을 청소하고, 옷을 빨고, 우물에 가서 물을 길어 와야 해. 뛰어다니고 닦고 청소하다가 하루가 가지. 만일 허락을 받지 않고 쉬다가 걸리면 매를 맞아. 해가 지고 한참 지나 그들이 침대에서 벌써 코를 골고 있을 때도 나는 그들이 다음 날 입을 깨끗한 옷을 준비해 놓아야 해. 마침내 하루 일이 끝나면 나는 더러운 옷을 입은 채로 바닥에서 냄새나는 커다란 개와 함께 자야 해. 그런데도 그들은 나에게 금화 한 푼도 주지 않아. 내가 그들의 노예라는 이유로."

한 유대인 소년이 말했어.

"나도 로마인에게 붙잡혀 노예가 되었어. 그들은 강제로 나를 금광에서 일하게 했어. 나는 매일 아침 광산으로 가야 해. 거대한 산속에 뚫어 놓은 땅굴이지. 그곳에는 빛이 전혀 들어오지 않고 공기도 거의 없어. 나는 하루 종일 땅을 파헤치며 금을 찾지. 저녁에 밖으로 나오면 해는 이미 저물고 없어. 로마인은 나에게 곰팡이 핀 빵을 주면서 내가 캐낸 금을 모두 가져가. 그들은 그 금으로 돈을 만들지만, 내게는 한 푼도 주지 않지. 그들은 아무 일도 하지 않으면서 부자가 되지만, 나는 하루 종일 열심히 일해도 가난에 허덕여."

그러자 한 그리스 소년이 이어받았어.

"로마인은 검투사 싸움을 즐겨 보지만, 자신들이 목숨을 걸고 싸우지는 않아. 그래서 외국인들을 잡아다 검투사로 만들지! 검투사 학교에서 우리는 검이나 창으로 싸우는 법을 배워. 그런 다음 그들은 우리를 큰 경기장으로 데려가서 사자나 곰과 싸우게 해. 정말 무서워. 내가 손에 작은 칼 하나만 들고 거대하고 사나운 동물들과 싸우는 동안 로마인들은 관중석에 앉아서 소리를 지르고 먹고 웃지. 한 달 전에 가장 친한 친구 한 명이 곰과 싸우다 죽었는데, 로마인들은 그 모습을 보고 그냥 웃기만 했어! 그중에서도 가장 끔찍한 일은 같은 검투사 학교에서 온 친구들과 싸우라고 상요하는 서야. 두 친구가 싸우기를 거부하면 로마인들은 둘 다 죽이지."

우리가 하면 괜찮다는 생각

너는 아마 제국이 나쁘다고 생각할 거야. 냄새나는 속옷을 빨게 하거나 친구와 싸우라고 강요하는 외국인의 명령을 따르고 싶은 사람이 누가 있겠어? 인간은 자유를 사랑해. 아무리 강하고 힘센 민족이라도 함부로 약한 민족을 괴롭히거나 그들의 도시를 파괴하거나 그들을 노예로 삼을 수는 없어.

그래서 사람들은 제국이 나쁘다고 입을 모아 말하지. 하지만 예외가 있어. 자기네 나라가 엄청나게 강해져서 제국을 건설하면, 그것을 당연하다고 생각해. 외국인이 우리에게 이래라저래라 하는 것은 나쁘지만, 우리가 외국인에게 이래라저래라 하는 것은 괜찮다는 거야. 마치 학교에서 어떤 아이가 자기는 불량배에게 괴롭힘당하기 싫어하면서, 자기가 다른 아이를 괴롭혀도 괜찮다고 생각하는 것과 같아.

카르타고인도 다르지 않았어. 그들은 로마 제국을 싫어했고 로마인의 명령을 거부했지. 하지만 **카르타고인도 로마인에게 정복당하기 전에 제국을 건설했었지.** 그리고 다른 민족에게 잔인하게 굴었어. 페니키아에서 온 그들이 카르타고 도시를 건설한 곳은 원래 누미디아 부족 땅이었지. 누미디아 왕 이아르바스를 교묘하게 속여 그 땅을 차지한 엘리사 여왕의 전설을 기억하지? 그것은 그저 지어낸 이야기이고, 실제로는 페니키아인이 그 땅을 강제로 빼앗았을 거야.

그 뒤로 카르타고인은 주변에 있는 여러 북아프리카 민족들의 땅을 차지하고, 멀리 떨어진 시칠리아·사르데냐·코르시카 같은 섬들도 정복했지. 그리고 카르타고가 자랑하는 한니바알 장군은 스페인 일부까지 손아귀에 넣었지. 한니바알과 카르타고 장군들은 많은 도시를 파괴하고 많은 사람을 노예로 삼았어. 로마인이 카르타고를 파괴하고 사람들을 노예로 삼았듯이 말이야.

그리스인도 로마인에게 정복당하기 전에 제국을 건설했어. 그리스 지도자 알렉산더 대왕은 많은 전쟁을 치렀고, 많은 도시를 파괴했으며, 그리스부터 인도까지 아우르는 제국을 건설했지. 코끼리 부대를 이용하는 전쟁 기술은 원래 그리스인이 인도인에게 배워서 나중에 카르타고인과 로마인에게 전파한 거야.

심지어 유대인도 제국을 건설했어. 적어도 그들은 그렇게 믿고 싶어 했지.

유대인이 처음 가나안 땅에 도착했을 때, 그곳에는 가나안인과 아모리인 같은 다른 민족들이 살고 있었어. 하지만 유대인은 그들을 죽이고 노예로 삼았으며, 그들의 도시를 불태우거나 빼앗았어. 그리고 그 일을 자랑스럽게 이야기했지. 유대인은 예루살렘이라는 유명한 도시를 점령한 사실을 특히 자랑스러워했어. 그들은 유대 왕들 가운데 가장 위대한 다윗이 예루살렘을 정복하고, 그곳 사람들을 죽이거나 노예로 삼았으며, 예루살렘을 유대 제국의 수도로 정했다고 자랑했지. 그러다 나중에 로마인이 쳐들어와서 예루살렘을 정복하고, 많은 유대인을 죽이거나 노예로 만들었지. 그러자 유대인은 로마인이 잔인하다고 하소연했어. 자기네 유대인에게 저지른 일이 정당하지 않다는 뜻이었지. 그리고 뒤돌아서서는 유대 제국이 얼마나 영광스러웠는지 떠올리면서 힘을 냈지.

그들은 서로에게 말했어.

"우리도 한때 제국을 가졌었지! 위대한 다윗 왕은 많은 전쟁에서 승리했고, 다른 민족들의 도시를 불태웠으며, 그곳 사람들을 노예로 만들었어. 언젠가 다윗 같은 왕이 나타나서 우리가 전쟁에 승리하고 다시 제국을 건설할 수 있기를 기도하자."

몇몇 지혜로운 유대인은 그들의 기도가 잘못되었다고 지적하면서, 오히려 전쟁이 아예 일어나지 않고 어떤 제국도(로마 제국이든 유대 제국이든) 세워지지 않기를 기도해야 한다고 말했어. 지혜로운 사람들은 되물었어.

"정복당하고 노예가 되기 싫다면서 왜 다른 사람들을 정복하려 하지?"

그리스, 인도, 중국, 그리고 세계 곳곳의 지혜로운 사람들도 모두 같은 생각이었지.

"내가 남에게 당하기 싫은 일은 남에게도 하지 말아야 해."

이 생각은 당연하게 들리겠지만, 지난 수천 년 동안 대부분 사람들은 그렇

게 지혜롭지 못해서 이 생각에 동의하지 않았어. 다른 누군가가 자신들을 정복하면 아주 슬퍼했지만, 자신들이 다른 사람들을 정복하면 매우 자랑스러워했지. 최근 들어서야 비로소 대부분 사람들은 제국은 누가 건설하건 나쁘고, 다른 민족을 정복했다고 자랑스러워할 이유가 조금도 없다는 사실을 깨달았어. 우리 민족이 아무리 강하다고 해도 제국을 건설하는 건 옳지 않아. 다른 민족의 제국만 나쁜 게 아니야. 우리 민족의 제국도 나빠.

시간의 마법

하지만 역사는 그리 간단하지 않아. 제국에 정복당한 사람들 대다수는 결국 그 제국을 좋아하게 되었어. 예를 들어, 로마 제국이 카르타고를 정복한 뒤로 많은 카르타고 사람들은 로마 제국이 마음에 들었고, 심지어 자신들을 '로마인'이라고 부르기 시작했어.

어떻게 그럴 수 있을까? 학교에서 불량배가 너를 때리고 네 물건을 훔치고 괴롭혔는데, 다음 날 그 불량배를 좋아할 수 있겠어? 당연히 그럴 수 없지. 하지만 충분한 시간이 흐르면 이상한 일들이 일어날 수 있어. 시간은 세의 모든 것을 변화시킬 수 있는 강력한 마술사와 같아. 시간은 사랑을 미움으로 바꾸고 미움을 사랑으로 바꿀 수 있어. 시간은 가장 중요한 기억을 지우기도 하고, 전혀 일어나지 않은 일을 기억 속에 집어넣기도 해. **충분한 시간이 흐르면 사람들은 자기네 언어, 신, 놀이를 잊고 그 대신 그들을 정복한 제국의 언어, 신, 놀이를 받아들이기도 하지.** 카르타고인에게도 바로 이런 일이 일어났어.

스키피오가 카르타고를 파괴한 후, 그 도시는 100년 동안 거미와 전갈만 사는 폐허가 되었어. 그러다 로마 장군 율리우스 카이사르가 그 도시를 다시 일으켜 세우기로 결심했지. 그는 폐허 위에 집과 신전을 짓고 항구를 열라고 명령했어. 전갈과 거미는 다른 곳으로 떠나야 했고, 땅이 없는 가난한 로마인들이 들어와 살기 시작했어. 카이사르는 가까운 마을에서 살던 카르타고인들도 새로운 도시로 불러들였어. 아마 그중에는 한니바알과 바트바알의 손자들도 있었을 거야.

율리우스 카이사르가 암살된 후, 조카 손자 아우구스투스가 새 지배자가 되었어. 황제가 다스리는 '제정 로마'가 이때 정식으로 시작되었지. 아우구스투스도 뒤를 이어 카르타고를 건설했고, 새로 건설된 도시에서 로마인과 카르타고인이 함께 어울려 살았어. 그들은 같은 거리를 걸었고, 같은 상점에 다녔고, 심지어 같은 신전에서 기도했지. 그들의 아이들도 때때로 광장에서 함께 뛰놀고, 바닷가 모래밭에서 조가비를 주웠어. 로마인 소녀와 카르타고인 소년은 자연스레 사랑에 빠졌고, 아마 결혼해서 아이도 낳았을 거야. 카르타고는 성장하고 발전했고 100년 만에 다시 한번 세계에서 가장 큰 도시로 발돋움했어. **이제는 누가 카르타고인이고 누가 로마인인지 구분하기도 어려웠지.** 사람들은 저마다 카르타고와 로마 출신 할머니 할아버지를 두고 있었거든.

카르타고인은 로마 언어인 라틴어를 배웠어. 제국 어디서나 라틴어를 사용했기 때문에 라틴어는 페니키아어보다 훨씬 쓸모가 있었지. 요즘에는 네가 영어를 하면 영국인뿐만 아니라 캐나다인, 그리스인, 브라질인, 나이지리아인하고도 이야기를 나눌 수 있어. 마찬가지로 로마 제국에서도 라틴어를 알면 로마인뿐만 아니라 여러 민족 사람들과 이야기를 나눌 수 있었지.

카르타고인은 심지어 로마 제국 문화에도 빠져들었어. 그들은 검투사 싸움은 별로 좋아하지 않았지만, 연극을 즐겨 보았어. 로마인에게 연극은 아주 중요한 놀이 문화였어. 그래서 로마인은 카르타고를 일으켜 세울 때 그곳에 극장을 지었고, 로마에서 배우들을 데려와 최고의 연극을 공연하게 했어. 로마인, 카르타고인 할 것 없이 모두가 연극을 보기 위해 몰려들었지. 연극을 보다가 아이가 엄마와 헤어지면 함께 눈물을 흘렸어. 착한 사람이 악당을 물리칠 때는 함께 손뼉을 쳤지. 그리고 무대에서 누군가가 방귀를 뀌면 함께 깔깔거리며 웃었어.

카르타고인이 점점 로마인이 되어 가는 동안, 로마인도 자신들이 정복한 민족들로부터 많은 것을 배웠어. 그중 하나가 바로 연극이었어. 앞서 로마인이 연극을 사랑해서 카르타고에도 전파했다고 하지 않았나? 맞아. 하지만 연극은 로마에서 시작되지 않았어. 로마인은 싸움은 잘했지만 연기는 별로였지. 연극을 처음 생각해 낸 사람들은 그리스인이었어. 로마인은 아테네와 에페소스 같은 그리스 도시들을 정복할 때 그리스 사람들이 연극을 보며 즐거워하는 모습을 눈여겨보았지. 그러고는 로마에도 극장을 짓고 그리스 배우들을 데려와 무대에 세웠어. 심지어 그리스 작가들까지 데려와 새로운 희곡을 쓰게 했지. 로마 사람들은 농담처럼 말하곤 했어.

"로마가 그리스를 칼로 정복한 후, 그리스는 연극으로 로마를 정복했다!"

로마 제국에서 연극은 큰 인기를 끌었고 카르타고 같은 곳들로 퍼져 나갔

어. 그러자 그리스인과 로마인 말고도 무대에서 연기하고 희곡을 쓰는 사람들이 생겼어. 로마 제국에서 가장 뛰어난 극작가 가운데 한 명은 카르타고 출신이었지. 우리는 그의 원래 이름은 모르지만, 그의 어머니가 노예였다는 사실은 알고 있어. 그는 어렸을 때 테렌티우스 루카누스라는 부유한 로마인에게 팔려 갔고, '테렌티우스 루카누스의 노예', 줄여서 '테렌스'라고 불리게 되었지.

테렌스는 아주 똑똑해서 라틴어를 금방 깨우쳤어. 그러자 테렌티우스 루카누스는 그를 자유인으로 풀어 주었지. 10대 시절 테렌스는 이미 연극에 흠뻑 빠졌어. **그가 연극을 좋아한 이유는 노예라도 무대에서는 왕이 될 수 있었기 때문일지도 몰라.** 테렌스는 희곡을 쓰기 시작했고, 그의 희곡은 로마와 다른 도시들에서 무대에 올랐지. 성공을 거둔 그의 희곡들은 대체로 공통점이 있어. 가난하거나 노예 아이인 주인공이 부유한 귀족 출신으로 밝혀진다는 줄거리를 가지고 있지. 예를 들어, 희곡《안드로스의 소녀》에서 가난한 소녀 글리세리움은 부유한 아테네 귀족의 딸로 밝혀져! 글리세리움은 어렸을 때 아버지와 헤어졌고, 어른이 되어서야 자신의 진짜 신분을 알게 돼. 가난한 아이가 알고 보니 부유한 귀족의 자식이었다는 이야기를 카르타고 출신 노예였던 테렌스가 즐겨 썼다는 사실은 그다지 놀랍지 않아.

많은 사람들이 이런 이야기를 좋아했다는 사실도 놀라운 일이 아니야. 테렌스의 희곡들은 수백 년 동안 끊임없이 무대에 올려졌어. 또 학생들은 때때로 그의 희곡을 읽으며 라틴어를 배웠어. 그의 라틴어 문장이 그야말로 완벽했기 때문이야. 심지어 오늘날에도 많은 사람들은 자기 삶이 테렌스의 희곡처럼 되기를 바라. 어느 날 갑자기 억만장자나 왕의 잃어버린 자식으로 밝혀지기를 꿈꾸지. 그래서 오늘날도 많은 극장에서 고대 카르타고 노예가 쓴 희곡을 무대에 올리고, 사람들은 그의 글솜씨를 우러러보지.

너도 로마인 나도 로마인

로마에서 큰 성공을 거둔 카르타고인은 테렌스만이 아니었어. 로마가 카르타고를 파괴하고 350년쯤 흘렀을 때, **셉티미우스 세베루스라는 카르타고인이 세상이 발칵 뒤집힐 만한 일을 이뤄 냈지.** 로마인들은 깜짝 놀랐어. 아마 한니바알, 바트바알, 사포니바알이 살아 있었다면 환호성을 질렀을 거야. 그 일이 무엇인지 알아보기 위해 지금부터 두 로마인 소녀들이 나누는 대화를 엿듣는다고 상상해 봐.

로마인 소녀 카시아가 물었어.

"소식 들었어?"

친구 헤로디아스가 말했어.

"아니, 무슨 일인데?"

"카르타고 사람이 방금 로마 황제가 되었대!"

"뭐라고? 그게 어떻게 가능해?"

"지난번 황제가 암살되고 로마 장군들이 다음 황제 자리를 두고 싸우기 시작했잖아. 내가 방금 들은 대로라면, 셉티미우스 세베루스가 이겨서 지금 황제가 되었어."

"그런데 조금 전에 새 황제가 카르타고 사람이라고 하지 않았어?"

"내 말을 끝까지 들어! 그의 아버지는 카르타고 출신이지만 어머니가 로마 가문 사람이야. 셉티미우스는 집에서는 페니키아어를 썼고 학교에서 라틴어를 배웠대! 그러고 나서 로마 군대에 들어가서 장군 지위까지 올랐어."

"말도 안 돼! 그러니까 이 카르타고인이 스키피오와 카이사르처럼 로마 장군이 되었고, 이제 우리 황제까지 되었다는 말이잖아…… 오! 위대한 유피테르와 마르스여. 세상이 이렇게 변하다니!"

이것은 정말 놀라운 반전이었어. 마치 체스에서 흑군이 백군을 물리쳤는데, 백군 병사가 어느새 흑군의 가장 높은 자리까지 올라가서 새로운 왕이 된 것과 같았지.

몇 년 후 카시아와 헤로디아스는 다시 만났고, 이번에는 헤로디아스가 카시아를 놀라게 했어.

"소식 들었어?"

헤로디아스의 질문에 카시아가 대답했어.

"아니, 무슨 일인데?"

"셉티미우스 세베루스가 죽고 그의 아들 카라칼라가 황제가 된 건 알지? 그런데……."

"그걸 모르는 사람도 있어? 벌써 1년 전 일이야. 그게 무슨 새 소식이라고."

"내 말을 끝까지 들어! 너는 카라칼라가 방금 무슨 일을 했는지 모를 거야! 로마 제국의 모든 사람에게 시민권을 주었어! 물론 노예는 빼고. 이제 로마 제국에 사는 모든 자유인이 로마인이 되었다는 뜻이야!"

"그럼 그리스인도 이제 로마인이고, 유대인도 로마인이라는 거야?"

"그렇지. 그리고 카르타고인도 이제 로마인이야."

"뭐가 뭔지 모르겠네. 오! 위대한 유피테르와 마르스여. 세상이 이렇게 변하다니!" ⊱⊰⊱

황제가 된 소년

로마 제국의 여러 민족은 황제 카라칼라가 그들을 모두 로마인으로 만들어 줘서 매우 기뻤어. 하지만 카라칼라를 별로 좋아하지 않는 사람이 한 명 있었지. 바로 카라칼라를 호위하는 부대의 지휘관 마크리누스였어. **고대의 몇몇 역사가들에 따르면, 마크리누스는 자신이 직접 황제가 되기를 원했지.** '카라칼라를 죽이고 내가 황제가 되면 황금을 독차지할 수 있는데 왜 카라칼라에게 금화 몇 푼을 받고 그의 목숨을 지켜야 하지?'

마크리누스는 마침내 카라칼라를 암살했어. 카라칼라가 여행하던 때였지. 그가 용변을 보고 싶어서 덤불 뒤로 가서 속옷을 내렸는데, 그때 마크리누스가 보낸 사람이 기습해서 칼로 찔렀어. 마크리누스는 황제가 되어 제국의 모든 황금을 손에 넣었지. 하지만 많은 걱정거리도 함께 딸려 왔어. 호위하는 병사들 가운데 자신처럼 황제가 되고 싶어 하는 사람이 있을지도 모르잖아? 그는 특히 용변을 보러 갈 때면 누군가가 자신을 살해할지도 모른다는 두려움에 시달렸어. 호위 병사를 더 뽑는다고 자신이 너 안전해실지도 알 수 없었어.

'호위 병사는 얼마든지 더 뽑을 수 있어. 하지만 과연 누가 그 많은 호위 병사들로부터 나를 지켜 줄까?'

그런데 마크리누스는 결국 호위 병사가 아니라 열네 살짜리 소년 바리우스에게 제국을 빼앗겼어. 마크리누스는 그런 일은 상상도 못했을 거야. 이 소년은 페니키아의 작은 마을 에메사에 살았어. 처음 카르타고를 건설한 사람들이 바로 그 마을에서 건너왔었지. 이 소식은 마크리누스뿐만 아니라 모든 사람을 놀라게 했을 거야.

카시아가 목청껏 소리쳤어.

"소식 들었어?"

헤로디아스가 한숨을 내쉬었어.

"또 뭔데?"

"새 황제가 등장했어. 이번에는 페니키아 출신 열네 살짜리 소년 바리우스래!"

"뭐라고? 새로운 황제? 어떻게 그럴 수가 있지? 마크리누스가 황제 아니었어? 그가 카라칼라를 죽인 지 아직 1년도 안 됐어. 게다가 열네 살짜리 소년에게 제국을 빼앗겼다고? 설마, 농담이겠지!"

"바리우스는 자기가 카라칼라의 잃어버린 아들이랬어. 따라서 마크리누스가 아니라 자신이 황제가 되어야 한다고 주장했지. 사실 그 이야기를 처음 듣고나온 사람은 바리우스가 아니라 그의 할머니 율리아 마이사였대. 할머니는 손자가 황제가 되기를 진심으로 원했을 거야."

"정말이야? 바리우스가 정말 카라칼라 아들이야?"

"내가 어떻게 알겠어? 하지만 많은 사람들이 바리우스가 정말 카라칼라 아들이라고 믿는 것 같아."

"사실일지도 몰라. 지난주에 본 테렌스의 연극에서 가난한 소년이 어느 날 자기 아버지가 권력자라는 사실을 알게 되더라고. 무대에서 일어나는 일이 현실에서 일어나지 말라는 법은 없지."

"어쨌든 마크리누스는 그 소식을 듣고 율리아 마이사와 바리우스를 죽이려고 병사들을 보냈어. 하지만 병사들도 그 소년의 이야기를 믿기 시작했지."

"그랬을지도 몰라. 로마 병사들은 연극을 사랑하고, 잃어버린 아들이 친부모를 찾는 감동적인 이야기를 좋아하니까."

"어쨌든 큰 전투가 벌어졌고, 바리우스를 지지하는 병사들이 마크리누스를 지지하는 병사들을 물리쳤어. 그리고는 마크리누스를 죽이고 바리우스를 새 황제로 세웠지."

"그런데 바리우스는 페니키아 사람이야?"

"그 지역 어딘가에서 왔대. 하지만 그가 반은 아라비아인이라고 말하는 사람들도 있어. 그런데 그게 중요해? 아라비아인도 로마인이잖아."

"오! 위대한 유피테르와 마르스여. 세상이 이렇게 변하다니."

황제의 새로운 결혼식

이제는 모든 사람이 로마인이었고, 거의 누구라도 로마 황제가 될 수 있었어. 페니키아 출신인 열네 살짜리 아라비아계 소년조차도. **하지만 바리우스는 황제 자리가 마냥 좋지만은 않다는 사실을 금세 깨달았어.** 할머니 율리아 마이사가 끊임없이 잔소리를 퍼부었거든. 조용히 앉아서 정치인의 긴 연설을 듣고, 로마가 다스리는 다른 지역의 총독들이 보낸 상소문에 답하고, 백성들이 내야 할 세금과 군대와 호위 부대에 줄 월급을 꼼꼼하게 계산하라고 말이야. 황제라면 마땅히 이런 일을 해야 한다고 할머니는 생각했지. 하지만 소년 황제의 생각은 달랐어.

'세상에서 가장 힘 있는 사람이 되면 뭐해? 재미가 하나도 없는데.'

헤로디아스가 카시아를 큰 소리로 불러냈어.

"그 소식 들었어?"

카시아는 미소를 지었지.

"응! 바리우스 황제가 원로원에 가서 정치 연설을 듣는 일을 그만두었대. 그 대신 전차 경주를 하면서 시간을 보낸다고

들었어! 그리고 세상에서 가장 사치스러운 파티를 연대!"

"황제가 결혼한다는 소문도 있어."

"또? 그 애는 결혼을 정말 좋아하나 봐. 벌써 몇 번이나 했더라?"

"처음에는 율리아 코르넬리아 파울라와 결혼했지만 그녀와 이혼하고 율리아 아퀼리아와 결혼했어. 그런데 또 이혼하고 안니아 아우렐리아와 결혼했어. 하지만 안니아와 이혼하고 다시 율리아 아퀼리아와 결혼했지."

"그러면 아내가 모두 넷인가, 아니 셋인가?"

"남편들도 빼먹으면 안 되지!"

"아! 한 달 내내 온 도시가 그 이야기로 떠들썩했지! 바리우스 황제가 전차 경주에 참여했을 때, 히에로클레스라는 경주자가 황제의 전차와 충돌하면서 황제 바로 앞에 넘어졌어. 히에로클레스의 투구가 벗겨지자 아름다운 금발이 찰랑거렸고, 황제는 그 자리에서 사랑에 빠졌지. 그들은 곧바로 결혼했어."

"하지만 황제는 그를 차 버리고 그리스 에페소스 인근 마을에서 온 전차 경주자인 조티쿠스와 결혼했지."

"아냐. 바리우스는 지금도 히에로클레스와 부부인 것 같아. 물론 율리아 아퀼리아와도 부부고. **동시에 두 사람과 결혼한 이 황제는 겨우 열여덟 살이야!** 사실 그는 황제가 아니라 여제로 불리고 싶어 한대. 최근에 누군가가 그에게 경례하며 '황제 폐하!'라고 말하자, 바리우스가 '나를 황제라고 부르지 마라. 나는 여제다'라고 말했대."

"오! 위대한 유피테르와 마르스여! 세상이 이렇게 변하다니!"

바리우스는 할머니가 시키는 대로 지루한 연설을 듣거나 지루한 상소문을 읽는 대신 전차 경주, 잔치, 결혼 따위에 시간을 쏟았어. 율리아 마이사는 바리우스에게 몹시 화가 났고 황제가 될 손자를 잘못 골랐다고 생각했지. 마이사는 호위 병사들에게 큰돈을 주고 바리우스를 제거했어. 그리고 또 다른 손자 알렉산데르도 카라칼라의 숨겨진 자식이라는 소문을 퍼트렸지. 결국 알렉산데르는 새 황제가 되었어. 당시 열세 살이던 알렉산데르는 바리우스와 달리 할머니의 말을 어김없이 따랐어. 알렉산데르는 누구도 율리아 마이사의 뜻을 거스를 수 없다는 사실을 알고 있었지. 로마 황제조차도.

새로운 신의 등장

율리아 마이사와 손자들은 제국을 통치하기 위해 에메사에서 로마에 올 때 함께 무언가를 가져왔어. 바로 엘라가발이라는 신이었지. 에메사에서는 태양신 엘라가발을 최고 신으로 숭배했어. 에메사 중심가에는 엘라가발을 섬기는 큰 신전이 있었는데, 신전 안에는 하늘에서 왔다고 알려진 검은 돌이 놓여 있었지. 어쩌면 그 돌은 실제로 하늘에서 떨어진 운석이었을지도 몰라. 소년 황제 바리우스는 로마에 오면서 그 검은 돌을 가져왔지. 그리고는 태양신을 위해 새로운 신전을 짓고, 로마인들에게 엘라가발 이야기를 들려주었어. 심지어는 신성한 검은 돌을 새긴 새로운 동전까지 만들었지. **대다수 로마인은 엘라가발에 대해 들어 본 적이 없었지만, 로마 제국에는 새로운 신이 종종 나타나고는 했어.** 로마 제국 안에서 사람들이 다른 곳으로 이주할 때 자신이 믿던 신도 데려가곤 했거든.

스키피오 시대에 로마인은 유피테르·마르스·베누스를, 그리스인은 아르테미스·제우스·아테나를, 카르타고인은 바알·타니트·에스문 같은 신들을 믿었어. 로마 제국의 나머지 부족과 민족도 각자의 신을 믿었지. 그런데 하나의 제국 아래 모여 이야기를 나누고, 같은 연극을 보러 가고, 때때로 결혼까지 하면서 **온갖 신들이 섞이기 시작했어.**

사람들은 다른 민족이 숭배하는 신에게 특별한 관심이 생기면 그 신전을 찾아가 보았을 거야. 많은 사람들이 그리스의 유명한 아르테미스 신전을 보러 에페소스에 갔지. 병에 걸린 로마인이 카르타고의 치유의 신 에스문 신전에 가서 병을 낫게 해 달라고 기도하는 일도 있었어. 카르타고 소녀가 로마 소년을 사랑하게 되면, 로마의 사랑의 여신 베누스 신전에 가서 소년도 자신을 사랑하게 해 달라고 빌었지. 물론 소녀의 기도가 이루어지지 않았을지도 몰라. 사실 베누스는 존재하지 않을지도 모르지. 하지만 사랑에 빠지면 뭐든 해 보려고 하잖아. 소용없을지도 모르지만 시도해서 나쁠 건 없으니까.

엘라가발 신이 페니키아에서 로마로 온 것처럼, 다양한 신들에 대한 이야기가 로마 제국 곳곳에 퍼졌어. 엘라가발이 로마로 오기 전에 아주 흥미롭고 중요한 이야기가 로마 제국에 퍼지기 시작했어. 그 이야기는 페니키아의 남쪽에 위치한 땅에서 왔지. 몇몇 유대인이 이 이야기를 처음 들려주었어. 일찍이 뱃사람 요나 같은 유대인들은 한 명의 위대한 신을 믿었고, 그 신이 하늘 높은 곳에 앉아 온 세상을 다스린다고 생각했어. 그들은 그 신을 야훼·야·엘로힘·아도나이 같은 다양한 이름으로 불렀고, 때로는 그냥 '신'이나 '아버지'라고 부르기도 했어. 훗날 다른 사람들도 이 신에게 훨씬 더 많은 이름을 붙였지. 이 모든 이름은 헷갈리기 짝이 없어. 그래서 이제부터 우리는 헷갈리지 않도록 그 신을 선원 요나처럼 '하늘 아버지'라고 부를 거야.

유대인은 하늘 아버지가 온 세상과 모든 사람을 창조했다고 말했어. 또한 하늘 아버지는 원하는 것은 무엇이든 할 수 있는 힘을 가졌다고 말했지. 예를 들어, 태양을 사라지게 하고 바다를 갈라지게 할 수도 있었어. 하지만 이 이야기에는 왠지 찜찜한 구석이 있었어. 하늘 아버지가 그렇게 큰 힘을 가졌다면, 왜 로마가 유대 왕국을 정복하고 많은 유대인을 노예로 만드는 데도 그냥 뒀을까? 유대인은 오랫동안 이 문제에 대해 고민했지만 답을 찾을 수 없었어.

그러다 몇몇 유대인이 새로운 이야기를 퍼뜨리기 시작했어. 그들은 하늘 아버지가 모든 것을 설명하기 위해 예수라는 사람을 내려보냈다고 말했지. 예수는 작은 마을 나사렛에서 자랐고, 그곳 주민들은 예수를 가난한 목수의 아들로 알고 있었어. 하지만 예수를 따르는 사람들은 그가 실제로는 하늘 아버지의 아들이라고 굳게 믿었어. 마치 테렌스의 연극에서 가난한 소년이 알고 보니 권력자의 아들로 밝혀지는 것처럼 말이야. 예수를 따르는 사람들은 또한 예수가 하늘 아버지의 아들이라는 사실을 스스로 증명했다고 주장했어. 눈먼 사람을 보게 하고, 귀 먼 사람을 듣게 하며, 심지어 죽은 사람을 다시 살리는 놀라운 기적을 일으켰다는 거야.

예수는 사람들에게 이 땅에서 겪는 일은 별로 중요하지 않다고 말했어. 그에 따르면, 세상은 모든 사람이 좋아하는 연극과 같았지. 연극에서는 다른 사람이 될 수 있지만, 연극이 끝나면 무대에서 누구였는지는 중요하지 않잖아? **네가 무대에서 황제였다면 모든 배우가 네게 복종했을 거야.** 하지만 연극이 끝났는데도 다른 배우들에게 네가 입던 더러운 옷을 빨라고 시키면 그들은 너를 비웃으며 이렇게 말할 거야.

"연극은 끝났어, 바보야. 현실에서 우리는 네 노예가 아니야. 옷을 깨끗히 입고 싶으면 네가 직접 빨아!"

예수는 인생은 죽으면 끝나는 연극과 같다고 말했어. 그리고 죽고 나면 살아생전에 황제였는지 노예였는지는 중요하지 않다고 말했어. 로마인이 유대인, 카르타고인, 그리스인을 정복하고 노예로 삼는데도 하늘 아버지가 그냥 내버려둔 데는 이런 이유가 있었지. 세상 모든 일은 어차피 연극이니까.

인간은 고작 수십 년을 살 뿐이야. 네가 로마의 황제라도 결국에는 죽고, 구더기가 네 몸을 파먹을 거야.

예수는 모든 것을 이런 식으로 설명했어.

　"네가 하늘 아버지를 믿으면, 죽고 나서 하늘 아버지가 너를 천국이라는 멋진 장소로 데려갈 거야. 네가 살아생전에 노예였다 해도 그곳에서는 영원히 행복하게 살 수 있지. 하지만 네가 하늘 아버지를 믿지 않으면 죽어서 지옥이라는 끔찍한 장소에 떨어져. 네가 살아생전에 로마 황제였다 해도 그곳에 가면 악마들이 너를 수백만 년 동안 불에 구울 거야. 물론 천국과 지옥은 연극이 아니야. 영원히 계속되지. 절대 끝나지 않아."

　몇몇 유대인은 예수가 하는 말을 믿지 않았어.

　"당신은 하늘 아버지의 아들이 아니야! 나사렛에 사는 가난한 목수의 아들일 뿐이지!"

　하지만 다른 유대인들은 예수를 믿었고 그를 '그리스도'라고 불렀어. 그리스어로 '기름을 바른 사람'이라는 뜻이야. 기름이 예수와 무슨 관계가 있느냐고? 고대 유대인은 하늘 아버지가 자신을 대신할 사람을 땅에 내려보낼 때 아주 특별한 하늘 기름을 발라 준다고 믿었어. 이 의식을 '기름 부음'이라고 해. 예수가 하늘 아버지에게서 왔다고 믿는 사람들은 예수가 이 하늘 기름을 가지고 있다고 주장했어. 그래서 예수를 '기름 부음을 받은 사람' 또는 '그리스도'라고 불렀지. 그리고 그들은 스스로를 '그리스도인'이라고 불렀어. '기름 부음을 받은 그리스도를 따르는 사람'이라는 뜻이야.

　그리스도인은 유대인이 아닌 사람들에게도 예수 그리스도와 하늘 아버지, 천국과 지옥에 대한 이야기를 들려주었어. 에페소스인, 테베인, 카르타고인, 심지어 로마인에게도 이야기를 퍼트렸지.

　"노예든 황제든, 예수 그리스도를 믿기만 하면 죽어서 하늘 아버지가 당신을 천국으로 데려갈 거야!"

그리스도인은 이 이야기가 사실인지 증명할 수 없었어. **누구도 죽었다가 다시 돌아와서 자신이 지금 천국이나 지옥, 또는 다른 어딘가에 살고 있다고 말해 주지 않았으니까.** 죽으면 무슨 일이 일어나는지 확실히 아는 사람은 아무도 없었어. 인생은 연극과 같을지 모르지만, 막이 내리면 무슨 일이 일어날지는 아무도 몰라.

때때로 사람들이 어떤 이야기를 믿는 이유는, 그 이야기가 사실이라는 확실한 증거가 있어서가 아니라, 그 이야기가 사실이기를 간절히 바라기 때문이야. 가난하고 힘들게 살아가는 사람들은 죽으면 멋진 천국에 갈 수 있다고 간절히 믿고 싶어 했어. 이 이야기는 친아버지가 사실은 백만장자나 황제였다는 이야기보다 훨씬 그럴듯하게 들렸거든.

너무 많은 예수 이야기

그런데 문제가 있었어. 로마 제국에 그리스도인이 점점 많아지면서, 그들은 예수와 예수가 들려준 말씀에 대해 저마다 다른 이야기를 지어내기 시작했지. 그들은 상대방에게 자기 이야기를 믿게 하고 싶을 때마다, "예수가 그렇게 말했어!"라고 내세웠어. 이 때문에 예수가 실제로 무슨 말을 했는지 점점 더 알기 어려워졌지.

그리스도인 지도자들은 이 문제를 해결하기 위해 회의를 열었어. 처음에는 카르타고 근처 히포 마을에서, 그다음에는 카르타고 도시에서 열었지. 카르타고는 초기 그리스도인의 본거지 가운데 한 곳이었어. 현세에서 누가 전쟁에 승리하느냐보다는 죽은 다음에 일어나는 일이 중요하다고 가르치는 그리스도 신앙에 카르타고 사람들이 큰 감명을 받았던 모양이야.

카르타고에 모인 그리스도인 지도자들은 하늘 아버지와 예수에 대한 다양한 이야기를 모두 살펴본 후 사실이라고 생각되는 이야기를 골라 한 권의 책으로 엮었어. 그들은 이 책을 '성경'이라고 불렀고, 그 책에 들어 있는 이야기를 지우거나 다른 이야기를 보태지 말라고 명령했어. 오늘날 전 세계 수십 억 사람들은 오래전 카르타고 회의에서 선택된 이야기들을 모아 놓은 성경책을 가지고 있지. 만일 카르타고 회의에 참석한 사람들이 실수로 잘못된 이야기를 책에 넣었다면, 오늘날 모든 사람은 하늘 아버지와 예수에 대한 잘못된 이야기를 읽고 있는 셈이야.

이렇게 그리스도를 믿는 종교는 유대인으로부터 시작되어 에페소스와 카르타고 같은 곳에 전해졌고, 카르타고인은 로마 황제들마저 그리스도인으로 만드는 데 결정적인 역할을 했어. **그렇다면 누가 누구를 정복한 걸까?** 물론 로마인이 먼저 그리스인, 유대인, 카르타고인을 정복했지. 하지만 그다음에는 그리스인이 연극으로 로마인을 정복했고, 유대인과 카르타고인이 종교로 로마를 정복했어. 이 상황을 체스에 비유하면, 흑군이 백군을 물리치고 백군 왕을 죽였지만, 그다음에 흑군 병사가 흑군 왕까지 백군으로 만들어 버렸거나, 흑백 할 것 없이 체스판의 모든 말을 회색으로 바꾼 것과 같아.

반달족과 유령

결국 로마 제국은 멸망했어. 스키피오가 카르타고를 불태운 지 정확히 600년 후, 카르타고에서 출발한 군대가 로마를 정복했지. 하지만 이 군대는 카르타고 군대가 아니라 반달족 군대였어. 머나먼 북쪽 지역에서 살던 반달족은 로마 제국으로 쳐들어가서 로마 군대를 물리치고 카르타고를 점령했어. 그리고 그곳을 발판 삼아 로마 중심부를 공격했지. 반달족은 로마를 정복할 때 수

많은 사람을 죽이고 수많은 집을 불태우며 엄청난 혼란을 일으켰어. 이 때문에 훗날 '반달'은 뭔가를 망가뜨리는 사람을 일컫는 대명사가 되었지. 학교에서 어떤 아이가 바닥에 쓰레기를 버리거나 책을 찢거나 벽에 낙서를 하면, 선생님이 "반달족처럼 굴지 마!" 하고 소리칠지도 몰라.

　카르타고인도 로마를 파괴하는 반달족이 달갑지 않기는 마찬가지였지. **카르타고인은 어느덧 자신들을 로마인으로 생각했고, 그래서 반달족을 자유의 전사가 아니라 새로운 정복자로 여겼어.** 반달족이 로마를 정복했다는 소식을 전해 들은 카르타고 소년 아우구스티누스를 상상해 봐. 소년은 그 소식을 듣고 매우 슬펐을 거야. 그때 갑자기 소년 앞에 유령이 나타나 기뻐하며 깔깔대고 펄쩍펄쩍 뛰었어.

　아우구스티누스가 깜짝 놀라 물었어.

　"누구세요? 저는 지금까지 유령을 본 적이 없어요. 게다가 깔깔대고 펄쩍펄쩍 뛰면서 행복해하는 유령이라뇨."

　"나는 네 조상 한니바알 유령이야. 스키피오 군대와 싸우던 카르타고 병사였지. 600년 동안 복수를 기다려 왔는데 마침내 바라던 일이 이루어졌어. 로마가 멸망했다고! 만세! 오늘은 행복한 날이야!"

　"저도 소식을 들었어요. 하지만 매우 슬펐어요."

　"왜 그렇게 슬퍼해? 축하할 일인데! 로마가 패배했다는데 왜 기쁘지 않지?"

　"저도 로마인이니까요. 제가 왜 로마의 패배를 기뻐해야 하나요?"

　"오, 위대한 바알과 타니트여! 너는 로마인이 아니야! 카르타고인이지! 로마는 네 적이야!"

　"저는 카르타고인이지만 카르타고인은 로마인이기도 해요. 제 이름이 아우구스티누스라는 것을 보면 모르겠어요? 로마의 가장 위대한 황제 아우구스투스의 이름을 따 왔잖아요."

"위대한 바알과 타니트여! 아우구스티누스는 훌륭한 카르타고 소년에게 어울리는 이름이 아니야! 한니바알로 이름을 바꾸는 게 어때?"

"말씀은 고맙지만 아우구스티누스가 더 좋아요. 라틴어 수업을 듣는 친구들은 줄여서 저를 '아우기'라고 부르죠."

"라틴어 수업이라고? 지금 적의 언어를 배운다고 했니?"

"라틴어는 우리 모국어예요. 우리는 집에서 라틴어를 사용해요. 또 학교에서 라틴어를 더 잘 읽고 쓰는 법을 배우죠. 지난주 라틴어 시험에서 제가 일등 했어요! 어른이 되면 제 영웅 테렌스처럼 극작가가 되고 싶어요."

"위대한 바알과 타니트여! 진정한 카르타고인은 연극을 좋아하지 않아!"

"당신이 계속 말하는 바알과 타니트가 대체 누구죠?"

"뭐라고? 바알과 타니트를 모른다고? 네 민족의 신을 어떻게 잊지? 그럼 너는 어떤 신을 섬기니?"

"모든 훌륭한 로마인처럼 저는 유일한 신 하늘 아버지와 그의 아들 예수 그리스도만을 섬겨요."

"끔찍한 일이군! 네 조상으로서 한마디 할게. 당장 이름을 한니바알로 바꾸고, 다시 페니키아어를 사용하고, 바알과 타니트를 숭배하고, 연극 같은 쓸데없는 짓은 그만두거라!"

"하지만 저는 페니키아어를 잘 모르고, 교회에 가서 예수에게 기도하는 것이 즐겁고, 연극을 좋아해요. 무엇보다 이름은 절대 바꾸기 싫어요. 제가 왜 달라져야 하죠?"

"왜냐고? 너는 내 후손이니까. 후손이면 후손답게 조상의 언어를 사용하고, 조상의 신들을 숭배하고, 조상의 예술을 즐겨야지! 내 후손이 자신을 로마인으로 생각할 줄은 꿈에도 몰랐구나!"

그때 훨씬 더 늙은 다른 유령이 나타났어.

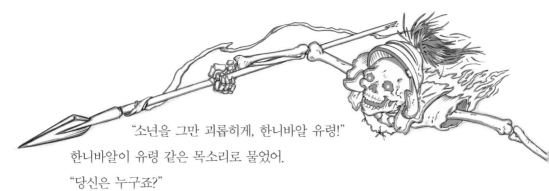

"소년을 그만 괴롭히게, 한니바알 유령!"

한니바알이 유령 같은 목소리로 물었어.

"당신은 누구죠?"

"나는 누미디아의 이아르바스 왕일세. 자네 조상이지. 나는 자네보다 600년 전에 살았는데, 한니바알 자네에게 몹시 실망했네. 내 후손이면서 어떻게 원수 카르타고인의 이름과 언어, 신을 받아들일 수 있지? 자네가 태어나기 600년 전에 우리 민족은 평화와 번영을 누리며 살고 있었는데 갑자기 바다 건너에서 페니키아 침략자들이 나타났어. 그들은 우리 땅을 빼앗아 카르타고라는 도시를 건설하고 우리를 지배했어. 우리는 그들을 미워했지만 저항할 수 없었지. 그들은 너무 강했으니까. 그래도 내 후손이 자신을 카르타고인이라고 생각할 줄은 꿈에도 몰랐네! 저 소년이 로마인처럼 이름을 짓고 라틴어를 사용하는 것도 부끄러운 일이지만, 적어도 카르타고인처럼 이름을 짓고 페니키아어를 사용하는 자네보다는 나아!"

너는 어떻게 생각해? 아우구스티누스는 한니바알과 이아르바스 중 어떤 조상의 말을 들어야 할까?

이 문제는 현실에서는 훨씬 더 복잡해. **모든 사람에게는 둘 이상의 뿌리가 있어.** 너는 부모님이 두 명이지? 네 어머니 아버지도 각자 부모님이 두 명씩 있어. 그러니 너는 조부모님이 네 명이야. 조부모님도 부모님이 두 명씩이지. 따라서 네 증조부모님은 여덟 명이야. 이처럼 모든 조상은 저마다 부모님이 두 명씩 있어. 대략 계산해 보면, 네 조상은 100년 전에는 열여섯 명, 200년 전에는 256명, 300년 전에는 4096명이야. 600년 전으로 거슬러 올라가면……, 네 조상은 수백만 명으로 늘어나!

그러니 소년 아우구스티누스 눈앞에 수백 년 전 조상 유령이 모두 나타난다면 한두 명이 아닐 거야. 수백만 명이 무더기로 나타나겠지. 그리고 이 수

백만 조상들은 다양한 지역에서 살았던 사람들이야.

한 무리의 유령들이 외쳤어.

"우린 카르타고에서 왔어! 우린 네가 페니키아어를 사용해야 한다고 생각해!"

또 한 무리의 유령들이 외쳤어.

"우리는 누미디아에서 왔어! 페니키아어를 아주 싫어한단다. 얘야, 너는 우리 말을 써야지!"

다른 유령들이 말했어.

"우리는 로마에서 왔는데, 소년이 옳다고 생각해. 그는 라틴어를 써야 해."

헤라클레이토스의 유령이 끼어들었어.

"나는 그리스 상인이었어. 나는 네가 그리스어를 써야 한다고 생각해. 최소한 그리스어 욕 몇 마디는 알아야지."

또 다른 유령이 목소리를 높였어.

"나는 예루살렘에서 온 노예였어. 나는 예루살렘에서 계속 살고 싶었지만 로마 병사가 나를 붙잡아 카르타고로 데려가더니 팔아넘겼지. 나는 너의 먼 조상이란다. 훌륭한 유대인답게 네 이름을 요나로 바꾸고 히브리어를 배우는 게 어때?"

점점 더 많은 유령들이 자신의 이야기를 들려주며 아우구스티누스에게 자신의 언어를 배워야 한다고 주장했어. 마침내 소년이 외쳤어.

"여러분 모두가 제 조상인데, 제가 왜 그 가운데 한 가지 언어만 선택해야 하는지 모르겠어요. 저는 모든 언어를 배울 수는 없어요. 그건 불가능해요."

"그러면 어떻게 하려고?"

"모르겠어요! 조상님들끼리 의논해 보세요. 제가 어떤 언어를 써야 하는지 의견이 모이면 알려 주세요. 그때까지는 라틴어를 사용할래요."

유령들은 인상을 찌푸렸어. 그들은 소년이 제안한 방법이 썩 마음에 들지 않았지만, 더 나은 방법이 떠오르지 않았어.

아우구스티누스가 덧붙였어.

"테렌스의 연극에 조상님들이 알아야 할 라틴어 문장이 나와요. '호모 숨: 후마니 니힐 아 메 알리에눔 푸토 Homo sum: humani nihil a me alienum puto'에요. 무슨 뜻인지 알아요?"

라틴어를 아는 유령들은 미소를 지었지만, 나머지 유령들은 어리둥절한 표정을 지었어.

아우구스티누스가 뜻을 설명했어.

"**'나는 인간이고, 인간적인 것은 그 무엇도 낯설지 않다'**는 뜻이에요. 다양한 나라 사람들은 다양한 언어를 사용해요. 또한 다양한 신 이야기, 다양한 예술 형식, 다양한 음식과 놀이를 즐기죠. 하지만 그들은 결국 인간이고, 인간이 만들어 낸 것이라면 무엇이든 누릴 수 있어요. 물론 라틴어는 로마인이, 연극은 그리스인이, 예수에 대한 이야기는 유대인이 처음 만들었죠. 하지만 로마인, 그리스인, 유대인은 모두 인간이에요. 그리고 저도 인간이기 때문에 라틴어를 사용하고, 연극을 즐기고, 예수의 지혜를 배울 수 있어요." ⤙

제국 다음에 또다시 제국

제국이 멸망하면 제국의 지배를 받던 민족들은 자유를 되찾을까? 그렇게 간단하지는 않아. 지배받던 민족들은 그동안 너무 많이 변해서 더 이상 조상과 같은 사람들이 아니야. 게다가 **제국이 멸망하면 대개 그 자리에서 또 다른 제국이 일어서지.** 로마 제국이 멸망했을 때 카르타고인은 독립하지 못하고 대신 반달족에게 정복되었어. 그리고 얼마 뒤 반달족이 그리스인에게 밀려나자 카르타고인은 다시 그리스 제국의 지배를 받았지. 그런데 이 새로운 제국의 이름은 '로마 제국'이었어. 헷갈리게 말이야. 그리스인들이 자신들을 이미 로마인으로 생각했기 때문이야. 어쨌든 그리스인의 로마 제국도 결국 아라비아인 손에 무너졌고, 카르타고는 다시 아라비아 제국으로 넘어갔어.

처음에 카르타고인은 아라비아 제국을 좋아하지 않았어. 카르타고인은 라틴어를 사용했고 그리스도교를 믿었지만, 아라비아 제국 지배자들은 아라비아어를 사용하고 예언자 무함마드가 전파한 이슬람교를 믿었기 때문이야. 게다가 이들은 카르타고를 파괴하고 근처에 새로운 도시 튀니스를 세웠어.

오랜 시간이 흐르면서 카르타고인 후손들은 튀니스에서 살아가는 데 익숙해졌어. 그들은 더 이상 자신을 카르타고인이나 로마인으로 여기지 않았고, 페니키아어나 라틴어를 사용하지 않았으며, 바알이나 예수를 믿지도 않았지. 대신 그들은 아라비아어를 사용하고 무함마드와 이슬람교를 믿었어. 그들은 자신이 무슬림(이슬람교도)이자 아라비아인이라고 생각했고, 무함마드·압둘라·파티마 같은 무슬림 이름을 사용했지.

수백 년이 흐른 뒤, 무슬림 소년 압둘라가 염소 떼를 몰고 폐허가 된 카르타고 주변 풀밭으로 갔다고 상상해 봐. 압둘라가 바알 신전과 그리스도 교회가 세워져 있던 폐허를 지나갈 때 아우구스티누스의 화난 유령이 나타나 그를 괴롭혔을까? 그 유령은 소년에게 이름과 언어, 종교를 바꾸라고 말했을까? 아니면 그냥 미소를 지으며 "호모 숨: 후마니 니힐 아 메 알리에눔 푸토"라고 속삭였을까?

역사는 복잡해

인간은 게을러. 무언가에 대해 깊이 생각해야 할 때면 머리가 지끈지끈 아파 오지. 그래서 우리는 단순한 이야기를 좋아하는 습관이 있어. 누가 좋은 사람이고 누가 나쁜 사람인지 쉽게 판단할 수 있는 이야기를 듣고 싶어 하지. 하지만 역사는 복잡해. 예를 들어, **카르타고와 로마의 역사를 보면 누가 좋은 사람이고 누가 나쁜 사람인지 확실히 판단하기 어려워.** 유명한 장군 한니바알은 로마인과 싸웠기 때문에 좋은 사람이었을까? 아니면 스페인과 그

밖의 많은 도시를 파괴했기 때문에 나쁜 사람이었을까?

한술 더 떠서, 누가 카르타고인이고 누가 로마인인지조차 구분하기 어려워. 카르타고인이 로마인이 되기도 하고 로마인이 카르타고인이 되기도 했으니까. 어떤 사람은 카르타고인이면서 동시에 로마인이기도 했어. 그리고 그들의 후손은 더 이상 카르타고인도 로마인도 아닌 튀니지인이 되었어.

이것이 제국의 역사가 가르쳐 주는 중요한 교훈이야. 단순한 이야기는 동화 속에만 존재해. 실제 역사는 복잡하지. 그리고 **우리 자신도 동화 속 등장 인물이 아니기 때문에 복잡해.** 첫째, 우리는 조상들이 하나의 민족이었다고 생각하는데, 테렌스의 연극에서처럼, 실제로는 그렇지 않다고 밝혀지지. 둘째, 우리는 한 나라에 속한다고 생각하는데, 사실은 삶의 많은 부분을 여러 다른 나라에 빚지고 있어. 셋째, 시간을 거슬러 올라가면 외국인 조상을 찾을 수 있어. 그리고 마지막으로, 우리는 우리 조상이 좋은 사람들이었기를 바라지만 우리 모두는 어느 정도 악당의 후손이야. 불편한 진실이지. 네 나라와 가문의 역사에도 나쁜 사람이 있지 않니?

그렇다고 조상의 유산을 버려야 한다는 말은 아니야. 결론적으로 말해서, 비록 악당의 후손이라도 우리는 조상과 다르게 행동할 수 있어. **우리 조상이 전쟁을 벌이고 제국을 건설했다고 해서 우리도 따라 해야 하는 건 아냐.** 과거를 바꿀 수는 없어. 최초의 제국이 건설되기 전으로 돌아가기란 불가능해. 하지만 과거를 되풀이하지 않을 수는 있어. 조상이 어떤 일을 했건 우리는 다른 사람이고, 다르게 행동할 수 있어. ✋

4장

인생의 의미

어떤 이야기가 진실일까

책, 영화, 비디오게임에는 전쟁, 전투, 제국에 대한 이야기가 많이 나와. 그런 이야기가 사람들 눈길을 사로잡기 때문이지. 그래서 어떤 사람들은 외국인과 외국인이 만나면 꼭 전쟁이 일어난다고 생각해. 마치 학교에서 두 아이가 싸우면 모든 아이들이 구경하러 오고, 그 뒤로 며칠 동안 다들 그 이야기만 하는 현상과 같지.

하지만 사실 학교에서 지내는 동안 거의 모든 아이들은 싸우지 않아. 아이들은 대체로 사이좋게 지내지. 역사도 마찬가지야. 외국인들이 만났을 때 싸움이 일어나는 경우는 드물었어. 오히려 그들은 가끔 결혼했고, 종종 거래했으며, 자주 대화를 나누며 자신의 이야기를 들려주었지. 그들은 무엇이 자신을 슬프게 만들고 무엇이 행복하게 만드는지, 세상이 어떻게 창조되었는지, 인간과 동물은 어디서 왔는지, 어떤 규칙을 따라야 하는지 이야기를 나누었어. 또한 로마의 신 유피테르와 마르스, 카르타고의 신 바알과 타니트, 하늘 아버지의 예수 그리스도, 무슬림 예언자 무함마드 이야기를 들려주었지.

모두가 자신의 이야기가 사실이라고 믿었어. 하지만 수많은 이야기가 존재했고, 그 이야기들은 때때로 일치하지 않았지. 그렇다면 어떻게 각자 믿는 이야기가 사실일 수 있을까? 예를 들어, 그리스도인은 하늘 아버지가 우주를 창조한 유일한 신이라고 믿었고, 그리스인은 제우스와 아르테미스를 믿었고, 카르타고인은 바알과 타니트를 믿었어. 그들 모두가 옳을 수는 없었지.

너도 일상생활에서 이런 일을 겪었을 거야. 어떤 사건에 대해 서로 다른 이야기를 듣고 어떤 이야기를 믿어야 할지 헷갈렸던 적이 있지 않아? 학교에서 가장 친하던 두 여학생이 갑자기 서로 말을 하지 않는다고 생각해 봐. 한 여

학생은 친구가 생일잔치에 초대하지 않았기 때문이라고 말했어. 다른 여학생은 친구가 못되게 굴며 자신에 대한 나쁜 소문을 퍼뜨렸기 때문에 생일잔치에 초대하지 않았다고 말했지. 그리고 양쪽 모두의 친구인 세 번째 여학생은 두 친구가 한 남학생 때문에 싸우면서 모든 문제가 시작됐다고 말했어. 이럴 때 누구 말이 사실인지 알아내기란 쉽지 않아.

신, 인류의 기원, 죽으면 어떻게 되는지에 대한 이야기들도 마찬가지야. 사람들은 수많은 이야기 가운데 어떤 이야기가 진실인지 알고 싶어 했어. 몽골 제국을 다스렸던 몽케칸도 그중 한 명이었어. 그는 호기심이 많았을 뿐만 아니라 그 시대에 가장 힘 있는 권력자이기도 했지.

카라코룸에서 온 초대장

몽케칸은 위대하지만 난폭한 정복자 칭기즈칸의 손자였어. 아라비아인이 제국을 건설하고 카르타고 폐허 근처에 튀니스를 세운 지 수백 년이 흐른 뒤, 칭기즈칸은 훨씬 거대한 몽골 제국을 건설했어. 이 과정에서 과거 누구보다 많은 사람을 죽였을지도 몰라. 칭기즈칸이 죽은 뒤에 제국을 물려받은 몽케칸은 더 많은 전쟁을 일으켜 제국을 더 크게 키웠지. 몽골 제국은 태평양부터 지중해까지, 한국에서 우크라이나까지 뻗어 나갔어.

하지만 **몽케칸은, 우루크의 길가메시 왕처럼, 권력이 영원하지 않다는 사실을 깨달았어**. 그도 언젠가는 죽을 테고, 그러면 구더기가 그의 몸을 파먹을 거야. 몽케칸은 엄청난 권력을 가졌지만 죽음을 이기는 방법은 알지 못했어. 인간이 어디에서 오는지, 인생이 무엇인지도 알지 못했지. 그는 이 궁금증을 풀기 위해 수많은 이야기를 들었어. 거대한 제국을 통치했으니 전 세계 누구보다 많은 이야기를 들었을 거야. 그는 그 모든 이야기 가운데 어느 것이 진실인지 꼭 알고 싶었어.

몽케칸은 생각했어.

'세상에서 가장 지혜로운 사람들을 불러 모아 토론을 시키면 어떤 이야기가 거짓이고 어떤 이야기가 진실인지 가릴 수 있지 않을까? 무엇이 진실인지 밝히면 **세상 모든 사람들이 그 하나의 이야기를 믿을 거야.** 그러면 모두가 나에게 복종하겠지.'

그는 오직 하나의 이야기와 한 명의 지배자를 원했어.

그래서 몽케칸은 1254년에 아시아, 유럽, 아프리카 곳곳에서 지혜로운 사람들을 초대해서 몽골 제국 수도 카라코룸에서 큰 회의를 열었어. 왜 아메리카나 오스트레일리아에서는 아무도 초대하지 않았느냐고? 당시에는 아무도 세계를 온전히 알지 못했기 때문이야. 몽케칸은 아메리카와 오스트레일리아에 대해 들어 본 적이 없었고, 아메리카와 오스트레일리아 사람들도 몽케칸과 몽골 제국에 대해 들어 본 적이 없었지.

몽케칸의 초대장을 받은 지혜로운 사람들은 카라코룸을 향해 길고 위험한 여정을 떠났어. 어린 시절 튀니스에서 염소 떼를 몰고 다니던 압둘라도 그중 한 명이었지. 압둘라는 자라서 유명한 무슬림 학자, 곧 울리마가 되었지. 압둘라의 딸 파티마도 함께 카라코룸으로 여행했다고 상상해 봐. 파티마는 똑똑하고 호기심 많은 소녀였고, 아버지를 비롯해 모든 사람과 세상의 비밀에 대해 대화하는 것을 무엇보다 좋아했어.

카라코룸에 도착한 압둘라는 곧장 몽케칸의 궁전으로 가서 유럽, 페르시아, 인도, 중국에서 온 다른 지혜로운 사람들을 만났어. 어른들이 몽케칸에게 자신이 아는 이야기를 들려주는 동안 파티마는 숙소에 머물렀어. 그곳에서 파티마는 다양한 나라에서 온 아이들을 만났지. 모두 아버지나 어머니, 또는 스승님을 따라 카라코룸에 온 아이들이었어.

파티마가 네 아이들에게 인사를 건넸어.

"안녕. 나는 파티마야. 튀니스에서 왔어. 아빠 압둘라와 함께 왔지."

"안녕, 내 이름은 바울로이고 로마에서 왔어. 나는 그리스도를 섬기는 신부가 되기 위해 공부하고 있어. 내 스승은 지금 궁전에서 몽케칸에게 하늘 아버지와 예수 그리스도에 대해 말씀하고 있어."

"안녕, 나도 그리스도를 섬기는 신부가 되기 위해 공부하고 있어. 나는 콘스탄티누스이고 에페소스에서 왔지."

"나는 엘레아노르."

"나는 몽골인 쿨란이야. 이곳 카라코룸에서 태어났지. 너희들이 이곳에 와서 정말 기뻐. 우리 가족은 99명의 텡그리 신들, 그리고 대지와 물의 영혼을 믿어. 하지만 나는 다른 종교에 대해서 들어 본 적이 있고, 더 많은 것을 알고 싶어. 그런데 카라코룸을 떠나 본 적이 없으니 다른 나라 사람들을 만나서 더 많이 배울 수 있기를 고대했지."

파티마가 맞장구쳤어.

"맞아. **외국인과 대화를 나누면 새롭고 놀라운 사실을 많이 알게 되지.**"

바울로가 말했어.

"스승님은 아무리 먼 곳도 여행은 가치 있다고 말씀했어. 아직 하늘 아버지에 대해 들어 보지 못한 사람들이 많으니까. 그래서 스승님은 평생 여행을 다녔고, 나도 그러고 싶어. 모든 사람이 하늘 아버지에 대해 듣고 받아들인다면 우리는 똑같은 규칙을 따를 테고, 그러면 모두 평화롭게 살 수 있을 거야."

"재미있네. 몽케칸도 그것을 원하거든. 모두를 위한 하나의 이야기, 모두를 위한 한 명의 지배자……. 나는 뭐든 들을 준비가 되어 있어. 자, 하늘 아버지에 대해서 어떤 이야기를 들려줄래?"

쿨란의 대답을 듣고 바울로가 매우 진지한 목소리로 말했어.

"하늘 아버지는 우주와 그 안의 모든 것을 창조했어. 지구와 태양과 달, 바다와 구름과 화산을 창조했지."

콘스탄티누스가 덧붙였어. "그리고 인간과 코끼리와 거미도! 하늘 아버지는 자신이 창조한 모든 존재를 사랑하지. 그러니까 세상 모든 사람은 그분 명령을 따라야 해. 어디에 살고 어떤 언어를 사용하는지는 중요하지 않아. 너희도 하늘 아버지가 창조했으니 그분이 정한 규칙을 따라야 해."

쿨란이 물었어.

"어떤 규칙을 정했는데?"

바울로가 말했어.

"아무도 죽이면 안 돼. 도둑질이나 거짓말을 해도 안 돼."

콘스탄티누스가 덧붙였어.

"또 가난하거나 아픈 사람을 도와야 해."

쿨란이 찬성하며 말했어.

"정말 좋은 규칙 같아. 나는 이미 그런 규칙을 따르려고 노력하고 있어. 그러면 나도 그리스도인이겠네!"

바울로와 콘스탄티누스가 말했어.

"너무 앞서가지는 마. 네가 지켜야 할 다른 규칙들이 있어. 예를 들어, 네가 지금 입고 있는 치마는 너무 짧아. 무릎이 보이잖아. 하늘 아버지는 여자아이가 짧은 치마 입는 것을 좋아하지 않아."

바울로와 콘스탄티누스 같은 그리스도인은 하늘 아버지가 매우 자세한 규칙을 많이 정해 줬다고 말했어. 어떤 옷을 입고, 어떤 음식을 먹고, 어떤 놀이를 하고, 어떤 날을 기념해야 하는지까지 일일이 정해 놓았지. 또한 누가 누구에게 복종해야 하는지에 대한 규칙도 있었어.

바울로가 말했어.

"젊은이는 노인에게, 여자는 남자에게 복종해야 해. 또 모든 사람은 그리스도를 섬기는 신부님에게 복종해야 하지."

콘스탄티누스가 설명했어.

"그리스도를 섬기는 신부님은 하늘 아버지와 매우 가깝게 지내면서 항상 대화를 나누지. 만일 신부님이 말하는 대로 따르지 않으면 하늘 아버지가 매우 화가 나서 벌을 내릴 거야. 화산을 폭발시키거나 끔찍한 전염병을 퍼트릴지도 몰라. 그러니 신부님이 하늘 아버지를 위한 큰 교회를 짓는 데 필요한 돈을 내라고 하면 반드시 돈을 내야 해. 그리고 다른 왕국과 싸우지 말라고 하면 그 왕국과 평화롭게 지내야 하지."

쿨란이 물었어.

"만약 내가 아무도 죽이지 않고 가난한 사람을 돕지만, 긴 치마를 입거나 남자에게 복종해야 한다는 규칙을 따르지 않으면 어떻게 돼?"

바울로가 말했어.

"하늘 아버지가 화가 나서 너를 지옥으로 보낼 거야. 하늘 아버지가 내려 준 규칙은 모두 똑같이 중요하기 때문에 네 마음에 드는 규칙만 지킬 순 없어."

쿨란은 아무 말 없이 엘레아노르를 쳐다보았어. 엘레아노르는 아직 한마디도 하지 않았어.

하늘 아버지를 믿지 않으면?

그리스도를 섬기는 신부들은 수백 년에 걸쳐 세계 여러 나라에 이런 이야기를 들려주었어. 덕분에 그리스부터 아이슬란드까지, 우크라이나부터 아일랜드까지 유럽 대부분이 그리스도를 믿는 나라가 되었지. 또한 아프리카의 에티오피아나 아시아의 레바논처럼 유럽 밖의 많은 나라도 그리스도인의 나라가 되었어. 훗날 유럽인이 아메리카와 오스트레일리아로 여행하기 시작했을 때, 그리스도에 대한 믿음은 멕시코·브라질·피지 같은 곳까지 퍼졌어. **사람들이 그리스도인이 된 이유가 꼭 그리스도에 대한 이야기가 솔깃하게 들려서만은 아니었어.** 또 다른 이유가 있었지.

엘레아노르가 마침내 대화에 참여하며 말했어.

"너희 그리스도인은 항상 사랑과 평화를 말하지. 하지만 그리스도인은 때때로 매우 폭력적이야. 예를 들어, 네가 사는 에페소스에는 세상에서 가장 아름다운 아르테미스 신전이 있었지. 하지만 그리스도인이 신전을 무너뜨리고 그 돌로 교회를 지었다고 들었어. 콘스탄티누스, 정말이야?"

콘스탄티누스가 말했어.

"맞아. 우리는 모든 사람이 오직 하늘 아버지만 믿기를 바라지. 그래서 다른 신전을 파괴하고 대신 교회를 짓는 거야."

바울로가 대화에 끼어들었어.

"그건 잘한 일이야! 우리는 로마에서도 다른 신전을 파괴하거나 교회로 바꾸었어. 왜냐하면 아르테미스·바알·제우스·유피테르 같은 신들은 실제로 존재하지 않거든. 이런 신들은 사람들이 상상으로 지어낸 이야기일 뿐이야."

쿨란이 말했어.

"너무 야비하다! 사람들에게 하늘 아버지를 믿으라고 말하는 것까지는 좋아. 하지만 네가 믿는 신을 믿으라고 강요하고 다른 신전들을 모두 파괴한다고? 그건……, 너무 야만적이야!"

바울로가 콧방귀를 뀌었어.

"흥, 지금 내게 야만적이라고 했어? 너희 몽골 제국이 그동안 전쟁에서 얼마나 많은 사람을 죽였는지 알아?"

쿨란이 약간 부끄러워하며 말했어.

"좋은 지적이야. 우리 군대가 다른 나라를 침략해서 정복한 일을 잘했다고 생각하지는 않아. 하지만 적어도 몽골인은 다른 민족에게 우리 신을 믿으라고 강요하지는 않아. **몽골 군대가 키이우 주변의 그리스도인 땅을 정복한 후에도 그곳 사람들은 계속 그리스도인으로 살아갈 수 있었지.** 아까 말했다시피 우리 식구들은 99명의 텡그리 신들과 대지와 물의 영혼을 믿어. 그리스도를 믿는 너희 왕이 몽골을 정복한다면 우리에게 어떻게 할까?"

바울로가 비웃는 투로 말했어.

"글쎄, 미신을 없애는 건 좋은 일 아닌가? 99명의 신들과 수천 가지 영혼이라고? 누가 그런 헛소리를 믿겠어. 그건 너희 사제들이 너희를 속이려고 지어

낸 원시적인 유령 이야기일 뿐이야. 너희가 믿는 신들과 영혼들은 실제로는 존재하지 않아."

쿨란이 날카롭게 따져 물었어.

"혹시 하늘 아버지 이야기도 너희 신부들이 너희를 속이려고 지어냈을 거라는 생각은 안 해 봤어?"

종교재판

그리스도 신앙이 로마, 카르타고, 에페소스, 그리고 여러 지역에 퍼져 나가면서 많은 사람이 그리스도인이 되었어. 하지만 쿨란처럼 의심을 품은 사람들도 꽤 있었지. 그런데 그리스도인이 점점 늘어나고 세력이 커지면서 이런 의심을 겉으로 드러내면 위험이 따랐지. 그리스도인은 줄곧 하늘 아버지가 모든 사람을 사랑한다고 말했어. 하지만 일부 그리스도인은 하늘 아버지를 믿지 않는 사람들을 미워하기 시작했어. 그리고 그리스도인이 지배하는 나라에서는 **그 미움이 말로 끝나지 않고 폭력으로 번지기도 했지.**

하늘 아버지 이야기는 세상에 평화를 가져다주는 대신 많은 전쟁을 일으켰어. 그리스도인은 "하늘 아버지가 아무도 죽이지 말라고 했다."고 말했지. 하지만 그들은 하늘 아버지를 믿지 않는다는 이유로 사람들을 죽이기 시작했어. 만일 누군가가 "나는 네 이야기를 믿지 않아." 하고 말하면, 그리스도를 섬기는 신부들이 그 사람을 붙잡아 도시의 중앙 광장으로 끌고 가서 모든 사람이 보는 앞에서 죽였어. 하늘 아버지를 믿지 않는 사람들은 두려워서 의심을 입 밖으로 내지 못했지.

엘레아노르가 바울로와 콘스탄티누스에게 말했어.

"너희에게 하고 싶은 말이 있어. 먼저, 나를 때리지 않겠다고 약속해."

두 소년이 대답했어.

"당연하지. 왜 우리가 때릴 거라고 생각하지?"

"경험으로 배웠거든. 나는 프랑스 남부 도시 베지에에서 태어났어. 어느 날 그리스도인 군대가 몰려와서 우리 도시를 점령하고 하늘 아버지 이야기를 믿지 않는 사람들을 모조리 죽였어. 그게 다가 아니야. 그리스도를 섬기는 신부들은 하늘 아버지 이야기를 믿지 않는 사람들을 다 찾아내지 못했다고 생각했나 봐. 사람들이 두려워서 하늘 아버지를 믿는다고 거짓말했을지도 모른다고 의심한 거지."

파티마와 쿨란이 물었어.

"그래서 어떻게 했는데?"

엘레아노르가 말했지.

"그들은 종교재판을 열었어. 신부들이 운영하는 비밀경찰대인 셈이지. 재판이라고 부른 이유는 하늘 아버지 이야기를 진심으로 믿는지 끊임없이 따져 물었기 때문이야. 어느 날 우리 부모님이 부엌에서 대화를 나누고 있었어. 엄마가 하늘 아버지 이야기가 사실인지 잘 모르겠다고 하자 아빠도 잘 모르겠다고 고개를 끄덕였지. 부모님은 그저 둘만의 대화를 나누었을 뿐이야."

파티마와 쿨란이 물었어.

"그래서 어떻게 됐어?"

"한 이웃이 부엌 창문 밑을 지나가다가 부모님이 나누는 이야기를 들었어. 그는 부모님을 종교재판소에 고발했고, 종교재판소는 부모님을 잡아갔어. 그러고는……, 도시 중앙 광장에서 산 채로 불태웠지. 나는 오빠와 함께 도망쳤고, 그리스도를 섬기는 신부들을 피해 최대한 멀리 달아나서 상인들을 따

라 카라코룸까지 왔어."

콘스탄티누스는 마음이 매우 불편했어.

"네가 겪은 일에 대해서는 안타깝게 생각해. 일부 그리스도인이 로마나 프랑스 같은 곳에서 끔찍한 짓을 저지른다는 이야기를 들었어. 하지만 그런 행동은 하늘 아버지 뜻이 아니라고 생각해. 사람들이 하늘 아버지를 믿지 않는 것도 나쁘지만, 그분을 믿지 않는다는 이유만으로 사람들을 죽이는 짓은 훨씬 더 나빠. 그리스도인이라도 다 똑같지는 않아. 네 가족에게 나쁜 짓을 저지른 그리스도인은 '가톨릭'이라고 불리는 사람들이야. 나는 가톨릭이 아니라 정교회 사람이야."

그러자 가톨릭 신자 바울로가 콘스탄티누스를 쏘아보며 말했어.

"너희 정교회 사람들이 아르테미스 신전을 파괴하지 않았나? 정교회는 다른 많은 신전을 파괴하고, 그것도 모자라 옛 신들을 믿는 사람들과 전쟁까지 벌였지. 가톨릭 신자들만 나쁜 짓을 한 것처럼 말하지 마."

쿨란이 매우 슬픈 표정으로 말했어.

"정말 이해가 안 돼. 왜 사람들은 신 때문에 싸우고 죽이는 걸까?"

그리스도인이 하늘 아버지 이야기를 퍼트리기 전에도 **사람들은 많은 전쟁을 했지만, 신 때문에 전쟁을 벌이는 일은 드물었어.** 모두에게 각자의 신이 있었지. 99명의 텡그리 신들, 바알과 타니트, 유피테르와 마르스, 제우스와 아르테미스처럼. 그리고 사람들은 저마다 다양한 신을 믿는다는 사실을 받아들였어. 누군가가 네가 믿는 신과는 다른 신을 섬겨도 아무 문제가 없었어. 심지어 로마인이 그리스인과 카르타고인을 지배했을 때도 그들에게 로마 신들만 믿으라고 강요하지 않았어. 하지만 그리스도인이 신은 오직 하나뿐이라고 주장하면서부터 그 유일한 신을 믿지 않는 사람들과의 싸움이 시작되었지.

하늘 아버지는
성직자의 자녀를 허락했을까

그 리스도인은 하늘 아버지를 믿지 않는 사람들과 싸우기도 했지만, 자기네끼리도 싸웠어. 물론 모든 그리스도인이 하늘 아버지를 믿었지. 하지만 그들은 하늘 아버지가 정확히 어떤 규칙을 정했는지를 두고 말다툼을 벌였어. 바울로와 콘스탄티누스도 대화를 나누면 나눌수록 의견이 어긋났어.

콘스탄티누스가 말했어.

"오늘 밤 아버지가 몽케칸의 회의에서 돌아오면 엘레아노르가 한 말이 사실인지 물어봐야겠어."

바울로가 약간 비웃으며 말했어.

"네 아버지? 여기서 뭘 하고 있는데?"

"뻔하지 않아? 우리 아버지는 몽케칸이 초대한 지혜로운 사람들 가운데 한 명이야. 에페소스 주변에 사는 모든 사람은 우리 아버지가 세상에서 가장 지혜로운 신부님이라고 말해!"

"하지만 신부님이 어떻게 아버지가 될 수 있지? 하늘 아버지는 신부님이 결혼하거나 아이를 낳아서는 안 된다고 말했어! 네 아버지는 규칙을 어겼어!"

"거짓말쟁이! 하늘 아버지는 신부님이 아이를 낳으면 안 된다는 규칙을 만든 적이 없어!"

"바보! 네 아버지는 몽골인에게 하늘 아버지에 대해 가르쳐 주려고 이곳에 왔지만, 정작 자신은 하늘 아버지 말씀을 거스르고 있어!"

"우리 아버지는 세계 최고의 성직자야! 방금 한 말 취소하지 않으면 주먹을 날릴 거야!"

가톨릭과 정교회가 가장 크게 의견이 갈렸던 문제 가운데 하나가 바로 성직자가 결혼해서 자식을 낳을 수 있는가였어. 정교회는 그래도 괜찮다고 생각했지만, 가톨릭은 하늘 아버지가 결혼과 자녀를 엄격하게 금지한다고 생각했지. 바울로와 콘스탄티누스는 점점 더 크게 소리를 지르다가 급기야 뒤엉켜 싸웠어. 파티마와 쿨란이 끼어들어 싸움을 말릴 때까지.

훨씬 심각한 싸움이 여러 지역의 그리스도인 사이에서 일어났어. **이런 의견 차이 때문에 전쟁까지 벌어졌지.** 모든 그리스도인은 하늘 아버지가 정한 규칙들 중에서 '살인하지 마라'와 같은 몇 가지는 동의했어. 하지만 다른 규칙들에 대해서는 말다툼을 벌이다가……, 때때로 서로 죽이기까지 했지.

예를 들어, 카라코룸 회의가 열리기 50년 전에 대도시 콘스탄티노플에서 끔찍한 전투가 벌어졌어. 성직자가 아이를 가지면 안 된다고 믿는 가톨릭 군대가 콘스탄티노플을 공격했어. 콘스탄티노플은 성직자가 아이를 가져도 된다고 믿는 정교회가 다스리던 도시였거든. 물론 양쪽이 단지 성직자가 아이를 갖는 문제 하나 때문에 싸운 것은 아니었어. 콘스탄티노플은 엄청나게 부유한 도시였고, 대다수 가톨릭 병사들은 단지 그곳의 보물을 훔치고 싶어 했지. 그들은 하늘 아버지가 도둑질은 나쁜 짓이라고 말했다고 한목소리로 떠들면서도, 뒤돌아서는 도둑질을 했어. 가톨릭 그리스도인은 콘스탄티노플을 점령하고 도시를 모조리 불태웠으며, 정교회 교회들을 돌아다니며 금과 은을 훔치고 정교회 그리스도인 수천 명을 죽였지.

하늘 아버지는 포도주를 마시라고 허락했을까

하늘 아버지는 믿지만, 그리스도인이 아닌 사람들도 있었어. 그들은 하늘 아버지를 '알라'라는 이름으로 불렀고, 그분이 온 우주를 창조했다는 데까지는 동의했어. 하지만 그 밖에는 가톨릭과 정교회가 하늘 아버지에 대해 말하는 거의 모든 내용이 틀렸다고 주장했지. 이 사람들은 바로 무슬림이었어. 파티마와 그녀의 아버지 압둘라처럼 말이야.

파티마가 말했어.

"너희가 마침내 싸움을 멈춰서 다행이야. 너희 말을 주의 깊게 들어 봤는데, 내가 동의하는 부분도 있어. 나도 하늘 아버지를 믿지만 우리 아빠는 너희 신부님이 하늘 아버지에 대해 많은 거짓말을 늘어놓는다고 했어."

서로 노려보던 바울로와 콘스탄티누스는 눈을 돌려 파티마를 보았어.

"무슨 거짓말?"

"예를 들어, 신부님은 하늘 아버지가 포도주를 좋아하기 때문에 포도주를 마실 때는 하늘 아버지를 기리는 특별한 의식을 해야 한다고 말하지."

바울로와 콘스탄티누스는 마침내 동의할 수 있는 부분이 생겨서 기뻤어. 그리고 콘스탄티누스가 설명했지.

"맞아. 포도주는 하늘 아버지의 아들인 예수 그리스도의 피와 같아. 그리스도의 피를 마심으로써 우리는 하늘 아버지와 연결되는 거야."

파티마가 말했어.

"하지만 사실 하늘 아버지는 아무도 포도주를 마시면 안 된다고 말했어.

그건 매우 중요한 규칙이야. 너희가 포도주를 마시면 하늘 아버지가 몹시 화가 나서 너희를 지옥에 보낼 거야."

바울로와 콘스탄티누스가 파티마를 쳐다보며 고개를 저었어. 파티마는 계속 말했어.

"또 너희 신부님은 하늘 아버지가 돼지고기를 먹어도 괜찮다고 말했다고 주장해."

"맞아. 우리는 돼지고기를 좋아해."

"하지만 사실 하늘 아버지는 아무도 돼지고기를 먹으면 안 된다는 규칙을 만들었어. 만약 너희가 돼지고기를 먹으면 하늘 아버지가 무척 화낼 거야."

"우리는 그렇게 생각하지 않아."

"하늘 아버지는 또 하나 중요한 규칙을 정했어. 1년에 한 달 동안 낮에는 아무것도 먹거나 마시면 안 돼. 밤에만 먹고 마실 수 있지. 이 기간을 라마단이라고 해. 하지만 너희 신부님은 이 규칙에 대해서 아무 말도 하지 않아. 그래서 하늘 아버지가 화가 났지."

"그 규칙은 네가 지어낸 게 틀림없어. 그런 규칙은 처음 들어!"

"너희가 그리스도 신부님의 말을 들으니까 그렇지. 오직 무슬림 울리마의 말을 들어야 해. 울라마만이 하늘 아버지가 정말로 원하는 게 뭔지 알아."

너도 짐작하듯이, 그리스도인은 다른 이야기를 듣기 싫어했어. **그리스도인과 무슬림은 하늘 아버지가 모든 것을 창조했다는 이야기를 믿었지만, 그밖의 많은 점에서 서로 생각이 달랐어.**

최초의 무슬림은 주로 아라비아인으로, 페니키아에서 가까운 아라비아 사막에서 살았어. 그리스도인과 마찬가지로 무슬림도 많은 나라들에 하늘 아버지에 대한 이야기를 전했지. 오늘날 세계에는 국민 대부분이 무슬림인 국가들이 많아. 예를 들어, 서아프리카의 세네갈과 말리, 서아시아의 이집트와

이란, 남아시아의 방글라데시와 인도네시아 같은 곳이지. 이들 나라에서 어떤 사람들은 무슬림의 이야기를 진짜로 믿어서 무슬림이 되었어. 하지만 무슬림도 그리스도인과 마찬가지로 누군가가 자신들 이야기를 믿지 않으면 기분이 상했어. 때로는 말로 끝내지 않고 싸움을 벌였지.

엘레아노르가 조용히 끼어들었어.

"파티마, 무슬림 국가에서 하늘 아버지를 믿지 않으면 어떻게 돼?"

파티마는 망설이다가 그런 사람들은 하늘 아버지를 믿지 않는다는 이유로 괴롭힘당하고 때로는 죽을 수도 있다고 인정했어.

그리스도인과 무슬림의 하늘 아버지 이야기는 전 세계로 퍼지며 많은 변화를 일으켰어. 새로운 기념일이 생겨나고 전 세계 그리스도인은 예수 그리스도의 탄생을 축하하는 날인 크리스마스를 기념하기 시작했어. 사람들은 또한 새로운 언어를 배워서 사용했지. 이집트와 튀니지 같은 곳의 무슬림은 최초의 무슬림과 예언자 무함마드가 사용한 아라비아어로 말하기 시작했어. **사람들은 심지어 입고 먹고 마시는 방식까지 바꾸었어.** 예를 들어, 무슬림이 되면 돼지고기를 먹지 않고 포도주를 마시지 않았어. 하지만 하늘 아버지 이야기가 세상에 평화를 가져오기를 바랐던 사람들은 크게 실망했을 거야. 그 이야기는 오히려 이전보다 많은 전쟁을 일으키는 것 같았거든.

하늘 아버지는 정말 좋은 분일까

쿨란이 파티마, 바울로, 콘스탄티누스에게 말했어.

"너희 셋은 적어도 한 가지에는 의견이 일치해. 하늘 아버지가 온 우주와 그 안의 모든 존재를 창조했고, 그분은 모든 것을 알고 원하는 것은 무엇이든 할 수 있다는 점 말이야."

파티마, 폴, 콘스탄티누스가 맞다고 고개를 끄덕였어.

"하지만 그게 사실이라면 왜 세상에 이렇게 많은 고통이 있지? 하늘 아버지가 자신이 원하는 것은 무엇이든 할 수 있다면 왜 세상의 모든 전쟁을 멈추지 않아? 왜 사람들이 서로를 해치고 심지어 죽이는데도 그냥 내버려두지?"

바울로가 "전쟁은 하늘 아버지 잘못이 아니야. 전쟁은 나쁜 사람들이 일으켰어. 전쟁은 그들 탓이지." 하고 말했어.

그러자 쿨란이 "하지만 나쁜 사람들이 전쟁을 시작해도 하늘 아버지가 전쟁을 멈추고 나쁜 사람들로부터 착한 사람들을 지켜 줄 수 있지 않아?" 하고 물었어.

콘스탄티누스가 말했어.

"나는 이 모든 것이 하늘 아버지의 시험이라고 들었어. 하늘 아버지는 천국이라는 멋진 장소를 만들었는데 그곳에서는 나쁜 일이 전혀 일어나지 않아. 전쟁도 고통도 죽음도 없고, 사람들은 완벽한 기쁨과 행복을 누리며 영원히 살아. 하지만 누가 천국에 들어갈지 결정하기 위해 하늘 아버지는 하늘 아래 세상도 창조했어. 이 땅에서 우리는 아주 짧은 시간을 살고, 하늘 아버지는 우리가 살아가는 모습을 유심히 지켜보지. 우리가 착한 일을 하면 하늘 아버지는 우리를 천국에 데려가. 나쁜 짓을 하면 하늘 아버지가 우리를 천국에 들여보내지 않지. 그래서 착한 사람들이 이 땅에서 가끔 고통을 겪는다고 해도 그건 별로 중요하지 않아. 왜냐하면 고통은 겨우 몇 년 동안일 뿐이고, 이다음에 영원히 천국에서 살 테니까!"

쿨란이 말했어.

"믿기지 않아. 그게 사실인지 우리가 어떻게 알지? 천국이 실제로 존재한다는 것을 누가 증명했어? 죽어서 천국에 갔다가 돌아온 사람이 있어?"

콘스탄티누스가 아니라고 말했어.

"게다가 만일 하늘 아버지가 모든 것을 창조했고 무엇이든 할 수 있다면 왜 귀찮게 복잡한 시험을 하지? 그냥 착한 사람들만 창조해서 바로 천국에서 살게 하고 애초에 나쁜 사람들은 창조하지 않으면 되잖아."

파티마가 망설이며 말했어.

"음, 좋은 지적이야. 엄마가 갑자기 병에 걸려서 작년에 죽었을 때 나도 비슷한 생각을 했어. 전쟁은 하늘 아버지가 아니라 나쁜 사람들이 일으킨다고 해도, 병이나 지진은 왜 일어나지? 그런 일은 나쁜 사람들 때문에 생기는 게 아니잖아? 만일 하늘 아버지가 모든 것을 창조했고 무엇이든 할 수 있다면, 왜 우리 엄마를 앗아간 병을 만들었을까?"

쿨란이 파티마 어깨에 손을 얹으며 말했어.

"네 어머니 일은 정말 안됐네. 알다시피 병, 지진, 폭력으로 고통받는 것은 단지 인간만이 아니야. 수백만 마리 동물들도 고통받아. 가젤은 호랑이에 잡아먹히고, 병아리는 독수리에 갈기갈기 찢기지. 아기 코끼리는 사막을 헤매다 목말라 죽고, 강아지는 거리를 헤매다 굶어 죽지. 만일 하늘 아버지가 완벽하게 좋은 분이고 원하는 것은 무엇이든 할 수 있다면, **왜 이렇게 고통으로 가득한 세상을 창조했을까?** 불쌍한 가젤과 길 잃은 강아지도 나중에 천국에 갈까?"

신은 두 명이야

하늘 아버지를 믿는 사람들은 만날 때마다 이 어려운 질문들에 관해 토론했어. 그들은 아주 열심히 생각해 봤지만 뾰족한 답을 찾을 수 없었어. 이 모든 질문에 대해 그럴듯한 답을 내놓은 사람들은 따로 있었어. 하늘 아버지를 믿지 않는 사람들이었지.

엘레아노르가 말했어.

"나는 왜 세상이 이렇게 고통으로 가득한지 알아."

다른 아이들이 물었어.

"그리스도인과 무슬림은 세상을 창조한 위대한 신이 하나뿐이라고 말하는데, 틀렸어. 사실은 위대한 신이 둘이야! 선한 빛의 왕자와 사악한 어둠의 왕자인 '악마'가 있어. 빛의 왕자는 모든 좋은 것들을 창조했어. 예를 들어, 기쁨과 사랑, 양과 나비 같은 착한 동물들 말이야. 악마는 모든 나쁜 것들을 창조했어. 고통과 미움, 호랑이와 독수리 같은 잔인한 동물들이 여기에 해당하지. 전쟁과 병을 일으키는 건 악마야."

다른 아이들은 집중해서 들었어.

"아주 흥미진진한걸. 계속해 봐."

"빛의 왕자는 악마가 하는 짓을 막기 위해 끊임없이 악마와 싸워. 빛의 왕자가 이기면 좋은 일들이 일어나지. 악마가 이기면 우리 가족이나 파티마의 어머니에게처럼 나쁜 일들이 일어나. 빛의 왕자는 아주 강하지만, 원하는 모든 것을 할 수는 없어. 악마도 강하기 때문이지. 우리 인간은 빛의 왕자가 악마를 몰리치도록 도와야 해. 그러면 더 이상 고통이나 전쟁, 질병이 생기지 않을 거야."

파티마가 물었어.

"우리가 어떻게 빛의 왕자를 도울 수 있지?"

"좋은 일을 해야지. 예를 들면, 사람들을 괴롭히는 대신 친절하게 대해야 해."

빛의 왕자와 악마 이야기는 아주 오래되었어. 카라코룸 회의가 열리기 1000년도 전에 페르시아 땅에 사는 사람들이 처음 그 이야기를 만들어 냈지. 당시 그들은 선한 신을 아후라 마즈다, 악한 신을 앙그라 마이뉴라고 불렀어. 세월이 흐르면서 두 신의 이름은 각각 다양하게 바뀌었어. 사람들은 악의 신을 아리만·사탄·루시퍼·이블리스, 또는 악마라고도 불렀어. 하지만 이야기는 거의 비슷했지. 이 이야기는 아주 설득력이 있었고, 하늘 아버지 이야기에 비해 아주 큰 장점이 있었어. 신이 두 명이라는 이야기는 왜 착한 사람들에게까지 나쁜 일이 많이 일어나는지 쉽게 설명할 수 있었거든.

이 이야기는 정말이지 그럴듯해서 그리스도인과 무슬림조차도 따라 하기 시작했어. 물론 그들은 여전히 신은 하늘 아버지 딱 하나뿐이며 그분이 모든 것을 창조했고 원하는 것은 무엇이든 할 수 있다고 말했지. 하지만 사람들이, "그러면 왜 전쟁과 병이 존재하나요?" 하고 물을 때마다, "아, 그건 악마 때문이죠" 하고 대답했어.

사실 하늘 아버지를 믿는 그리스도인과 무슬림이 동시에 악마도 믿는다는 것은 논리적으로 말이 안 돼. 그리스도인과 무슬림이 주장하듯 하늘 아버지가 모든 것을 창조했고 원하는 것은 무엇이든 할 수 있는 존재라면, **왜 악마를 창조했고, 왜 없애 버리지 않지?** 그리스도인과 무슬림은 그 질문에 뾰족한 답을 내놓지 못했어. 하지만 사람들은 말이 안 되는 이야기를 믿는 재주가 있지……. 그래서 많은 그리스도인과 무슬림은 모든 것을 할 수 있는 하늘 아버지와 세상의 온갖 문제를 일으키는 악마를 동시에 믿는 어려운 일을 어떻게든 해냈어.

세 번째 신의 등장

바울로가 엘레아노르에게 말했어.

"내가 정리해 볼게. 너는 온 세상을 지배하는 위대한 신이 하나라는 이야

기를 믿지 않는다는 말이지? 대신 선
한 신과 악한 신, 이렇게 두 신이 세상을
지배하기 위해 싸운다고 믿는 거고?"

엘레아노르가 그렇다고 고개를 끄덕였어.

"하지만 그건 말이 안 돼! 세상이 두 신이 싸
우는 전쟁터라면 전투의 규칙은 누가 정해? 어떻게 해야 전쟁에서 이길 수 있
는지 누가 결정하지? 두 군대가 전쟁을 한다고 생각해 봐. 둘 중 어느 쪽에서
도 바꿀 수 없는 공통된 법칙을 따를 때만 서로 싸울 수 있어."

엘레아노르가 무슨 법칙이냐고 물었어.

"자연법칙 같은 것 말이야. 예를 들어, 투석기가 돌을 하늘로 쏘아 올리면
돌은 아래로 떨어져서 누군가의 머리를 깨트릴 거야. 돌은 반드시 위에서 아
래로 떨어져. 이게 자연법칙이지. 그리고 사람은 머리가 깨져서 피가 다 쏟
아지면 죽는다는 것도 자연법칙이야. 두 군대가 아무것에도 동의하지 않는
다고 해도 자연법칙만큼은 따라야 해. 만일 두 군대가 서로 다른 자연법칙
을 만들 수 있다면 절대 싸움이 일어날 수 없어. 각 군대가 자기 병사는 절
대 죽지 않고 상대편 병사는 손가락으로 기리키기만 해도 죽는 법칙을 만들
테니까. 하지만 우리 세상은 그렇지 않아. 전쟁이 일어나고, 병사들은 싸우
고, 때로는 서로를 죽여. 그건 그들이 자연법칙을 바꿀 수 없기 때문이야. 자
연법칙은 존재하고, 모든 사람은 좋든 싫든 그 법칙을 따라야 해. 하지만 두
신이 우주를 창조했다면 누가 자연법칙을 만들었을까? 두 신이 끝없이 싸우
고 있다면, 이때 지켜야 할 법칙을 누가 결정했을까? 만일 빛의 왕자가 법칙
을 만들었다면 당연히 자신에게 유리하게 법칙을 만들었겠지? 악마가 법칙
을 만들었다면 자신이 항상 이기도록 악한 법칙을 만들었을 테고."

엘레아노르가 말했어.

"무슨 말인지 알겠어. 이 법칙을 만든 누군가가 따로 있는 것 같아. 빛의 왕자와 악마보다 강하고, 자신의 법칙에 두 신이 모두 복종하게 만들 수 있는 존재 말이야."

쿨란이 끼어들었어.

"그렇다면 빛의 왕자와 악마는 우주를 창조하거나 모든 것을 지배하는 법칙을 만든 존재가 아니잖아. 그들보다 더 강한 존재가 우주를 창조했다는 뜻이네."

파티마가 궁금한 얼굴로 말했어.

"빛의 왕자와 악마가 모두 복종하는 훨씬 강한 존재가 누구지? 빛의 왕자와 악마까지 창조한 세 번째 신인가? 그렇다면 세 번째 신은 왜 고통으로 가득한 세상을 창조했을까?"

엘레아노르가 말했어.

"세상을 창조한 세 번째 신은 우리 존재와 우리의 고통에는 관심이 없을지도 모르지. 어쩌면 자신이 창조한 사람과 동물들을 괴롭히면서 재미있어하는지도 몰라. 마치 파리 날개를 떼어 내고 괴로워하는 파리를 보며 웃는 꼬마처럼 말이야. 어쩌면 모든 것을 창조한 한 명의 신이 있는데, 그 신이 악한 존재일 수도 있어."

아이들은 더 이상 아무 생각도 나지 않아서 입을 다물었어. 신들에 대한 서로 다른 이야기 중에 어느 것이 사실인지 알 수 없었지. 몽케칸의 궁전에서 같은 질문을 놓고 토론하던 어른들도 정확히 똑같은 상황에 부딪혔어. 지혜로운 사람들은 오랫동안 말다툼을 벌였지만, 신이 많은지 둘인지 아니면 하나인지, 하나라면 그 신이 누구인지에 대해 동의하지 못했어. 몽케칸은 끝내 답을 얻지 못했어.

우리는 왜 괴로울까

신에 대한 모든 이야기는 우주를 설명하지도, 세상에 평화를 가져오지도, 사람들이 괴로움에서 벗어나게 도와주지도 못하는 듯했어. 그래서 몇몇 지혜로운 사람들은 신에 대해 말다툼을 벌여 봐야 아무 도움이 되지 않는다고 말했어. 신이 많은지, 하나 또는 둘인지, 아니면 아예 없는지 따지는 게 무슨 의미가 있지? 신에 대해 말다툼을 벌이는 대신 구체적으로 무엇이 우리를 괴롭히는지, 그리고 어떻게 하면 괴로움에서 벗어날 수 있는지 알아내는 게 중요하지 않을까?

싯다르타도 이렇게 생각한 사람 중 하나였어. 그는 몽케칸이 카라코룸에서 회의를 열기 1500여 년 전에 인도에서 살았지. 싯다르타는 왕자여서 궁전에서 자랐어. 어릴 때부터 **그는 왜 많은 사람이 괴로움에 사로잡히는지 알고 싶었어.** 몽케칸과 마찬가지로 싯다르타도 다양한 지역에서 온 많은 사람과 대화를 나눴지.

그는 만나는 사람마다 괴로움이 어디서 비롯되는지 물었어. 사람들은 돈이나 땅, 또는 먹을 게 충분하지 않아서 괴롭다고 대답했지.

"부자가 되고 유명해지면 정말 행복할 것 같아요! 그래서 매일 신들에게 부자가 되고 유명해지게 해 달라고 기도해요!"

수많은 사람들이 같은 말을 했지만 뭔가 이상했어. 궁전에서 살던 싯다르타는 가장 부유하고 유명하고 힘 있는 사람들과 어울렸지. 부자, 지위 높은 성직자, 심지어 왕들도 자주 만났어. 그런데 그들은 많은 돈과 땅, 음식을 가지고 있는데도 항상 행복해 보이지는 않았어.

싯다르타가 만난 몇몇 부자들은 금은보화를 쌓아 두고, 커다란 집과 온갖 맛있는 음식을 가졌으며, 많은 하인과 노예를 거느리고 있었어. 그런데도 그들은 행복하지 않았지. 그들은 자기보다 부유한 사람들을 부러워했어. 그리고 도둑이 금을 훔쳐 가거나, 병충해가 농작물을 망가뜨릴까 봐 전전긍긍했지. 무엇보다 왕이 자신의 땅과 돈을 모두 빼앗아 갈까 봐 두려워했어.

싯다르타는 왕도 몇 명 알고 있었지. 어떤 왕들은 큰 제국을 다스리고 수만 명의 병사를 거느리는데도 행복해하지 않았어. 그들은 더 큰 제국이나 더 많은 병사를 가진 왕들을 부러워했어. 다른 왕이 자신의 제국을 차지할까 봐 걱정했고, 무엇보다 병사들 가운데 누군가가 왕이 되려고 자신을 죽일까 봐 두려워했지.

싯다르타는 세상 모든 이치를 안다고 주장하는 성직자들도 만났어. 그들은 어떤 신이 세상을 지배하는지, 신들이 무엇을 원하는지, 신들의 도움을 받으려면 어떻게 기도해야 하는지 안다고 말했어.

"올바른 신에게 기도하고, 허락한 음식을 먹고, 단식일을 지키세요. 그러면 신이 도와줄 테고, 당신은 아주 행복해질 것입니다."

하지만 이렇게 말하는 성직자들도 항상 행복해 보이지는 않았어. 그들은 다른 성직자가 자신의 이야기와 반대되는 이야기를 꺼내면 불같이 화를 냈어. 또한 그들은 왕이 다른 성직자의 말을 들을까 봐 두려워했고, 무엇보다 자신이 믿는 이야기가 틀렸거나, 세상 모든 이치를 제대로 모르는 게 아닐까 두려워했지.

싯다르타는 부자, 왕, 성직자조차도 괴롭게 만드는 부러움, 화, 두려움이 어디서나 똑같이 나타난다는 사실을 깨달았어. 모든 부자는 부러움에 시달렸고, 모든 왕은 두려움에 떨었고, 모든 성직자는 화를 냈어. 그들이 어디 살든, 어떤 언어를 사용하든, 어떤 신을 믿든 똑같았지.

또 싯다르타는 아주 이상한 점을 발견했어. 우리를 괴롭히는 사람들은 먼 나라에서 온 외국인이 아니었어. 그보다는 세상에서 가장 사랑하는 사람들인 경우가 많았지. 우리는 부모님이 큰소리로 혼낼 때, 형제자매가 장난감을 빼앗을 때, 친구들이 비웃거나 같이 놀아 주지 않을 때 상처를 받아. 그리고 우리는 상대방에게 상처를 돌려주기도 하지. 싯다르타는 생각했어.

"참 이상해. 왜 서로를 사랑하는 사람들이 서로를 괴롭힐까?"

이 질문에 대한 답을 알거나, 이 모든 괴로움을 없애는 방법을 아는 사람은 없는 것 같았어. 그래서 싯다르타는 스스로 답을 찾아 나섰고, **그가 발견한 해답은 세상을 바꾸었어.** 사람들은 그를 '부처'라고 부르기 시작했어. '괴로움에서 벗어나는 방법을 아는 사람'이라는 뜻이야. 오늘날에도 수백만에 이르는 사람들이 부처가 들려준 이야기를 믿고 있어. 1254년 카라코룸에도 부처의 이야기를 믿는 사람들이 와 있었지.

나의 가장 큰 적은 누구일까

파디마는 숙소에서 다른 아이들과 대화를 나누고 나서 마음이 무거워졌어. 그래서 혼자 밖에 나가 산책을 하며 세상에 왜 이렇게 괴로움이 많은지 생각했지. 그때 누군가가 파티마를 큰 소리로 불렀어.

"거기, 너! 멈춰!"

파티마는 걸음을 멈추고 짙은 노란색 긴 옷을 입은 소년을 보았어.

"왜 나한테 소리친 거야?"

"네가 하마터면 개미를 밟을 뻔했거든. 놀라게 해서 미안. 나는 안난드야."

"아, 그랬구나. 뭔가 생각 좀 하느라 너도 개미도 보지 못했어. 그건 그렇고, 나는 파티마라고 해. 그런데 개미한테까지 그렇게 신경 쓰는 이유가 뭐지?"

"개미도 고통을 느끼니까. 스승님께 그렇게 배웠어."

"스승님이 누군데? 그리스도를 섬기는 신부님이야? 아니면 무슬림 울라마? 개미처럼 작은 생물의 고통에도 신경을 쓴다면, 너와 네 스승님은 왜 세상이 괴로움으로 가득한지 설명해 줄 수 있겠네?"

"내 스승님은 스리랑카 섬에서 지혜로운 분으로 유명해. 스승님은 부처님의 깨달음을 사람들에게 가르치지. 우리는 뭉케칸이 초대해서 카라코룸에 왔지만, 나는 궁전에서 열리는 토론에는 딱히 관심이 없어. 나는 그저 사람들이 무엇 때문에 괴로워하는지 이해하고 싶을 뿐이야. 하지만 아직 갈 길이 먼 것 같아. 너무 복잡해! 물론 괴로움의 이유를 몇 가지 알아내기는 했지. 예를 들어, 우리는 때때로 다른 사람들이 우리에게 한 일 때문에 괴롭잖아."

"당연하지. 다른 나라 군대가 쳐들어오면 우리는 비참해져. 불량배가 못살게 괴롭혀도 힘들지. 그리고 아빠가 소리칠 때는 정말 괴로워!"

"그런데 파티마, 그거 알아? **우리는 스스로에게 하는 행동 때문에 괴로울 때도 있어.** 스승님은 세상에서 나를 가장 괴롭히는 사람은 외국인도 이웃도 형제도 부모님도 아닌, 바로 나 자신이라고 했어."

"정말? 왜 스스로를 힘들게 하지?"

"친구들과 놀고 싶은데 먼저 할 일을 마쳐야 한다고 생각해 봐. 그럴 때는 할 일을 빨리 끝내고 놀러 나가는 게 최선이잖아?"

"맞아! 우리 아빠가 수학 문제를 내주면서 문제를 다 풀기 전에는 밖에 못 나가게 할 때처럼 말이야. 아빠는 내가 수학을 잘하기를 정말 바라나 봐."

"그런데 아무리 수학 문제에 집중하려고 해도 밖에서 놀고 있는 친구들이 떠오르지 않아? 자꾸 딴 생각이 나면 수학 문제를 푸는 데 시간이 더 오래 걸려. 그러면 결국 밖에 나가서 친구들과 함께 놀지 못하게 돼. 그래서 너는 수학 문제를 내준 아빠에게 화가 나겠지."

"정말 맞는 말이야! 그리고 나 자신에게도 화가 나. 왜 수학 문제에 집중하지 않고 밖에서 노는 친구들을 자꾸 떠올리는지 이해가 안 돼. 문제에 집중하기만 하면 금방 풀고 밖으로 나갈 수 있다는 걸 알면서! 나는 가끔 내 머릿속에 떠오르는 생각들에게 그만 좀 괴롭히라고 소리치지만, 그 생각들은 사라지지 않고 늘 나를 괴롭혀."

"나도 그래. 나를 괴롭히는 생각들은 어디서 오는 걸까? 대체 누가 그런 생각들을 일으킬까?"

"좋은 질문이야. 내 경험으로는, 머릿속에서 나를 괴롭히는 생각을 일으키는 사람이 아빠는 확실히 아니야. 그러면 나 스스로 그런 생각을 일으키는 걸까? **그런데 내가 왜 나를 괴롭히는 생각을 일으키는 거지?**"

"스승님도 계속 그렇게 질문했어. 하지만 나는 답을 모르겠어. 1년 전 친한 친구 타시가 다른 아이들이 모두 보는 앞에서 내게 망신을 줬어. 다 함께 빵을 먹고 있는데, 타시가 나한테 돼지처럼 먹는다고 말해서 모두가 나를 비웃었지. 타시는 1년 전 딱 한 번 그랬을 뿐이고, 아마 그 일을 잊었을 거야. 하지만 이상하게도 나는 그 일이 자꾸 생각나. 가끔 아무 이유 없이 갑자기 그 기억이 떠오를 때가 있어. '내가 돼지처럼 먹는다고 말했어! 그리고 모두가 나를 비웃었지!' 그 기억이 떠오를 때마다 자존심이 상해."

$$\left\{ \left[(6\cdot4)+7^2 \right] \cdot \sqrt{9} - \left(\frac{1}{3}\cdot18\right) - 60+40-(7\cdot\pi\cdot\sqrt{a}\cdot0)+\sqrt{100} - \left(3\cdot10\cdot\frac{2}{3}\right)-5+0-32 \right\} \cdot b\cdot c = ?$$

"그 일이 생각나는 것을 멈출 수 없다는 말이지?"

"불가능해! 정말 이상하지. 적들이 우리를 해치려는 이유는 알겠어. 그런데 내 머릿속의 생각과 기억은 왜 나를 해치려고 할까? 그리고 나는 왜 그것을 멈출 수 없을까? 다리와 눈동자는 내 마음대로 되잖아. **그런데 왜 생각과 기억은 내 마음대로 안 되지?** 잠을 자려고 할 때 나는 내 뜻대로 다리를 편하게 펴고 눈을 감을 수 있어. 그런데 왜 내 생각은 멈출 수 없을까? 스승님은 내 마음이 약해서 그렇다며 훈련을 더 해야 한다고 말했어."

"줄넘기나 물구나무서기 같은 거?"

"아니, 마음 훈련을 말하는 거야. 예를 들어, 스승님은 눈을 감고 호흡에 집중하라고 했어. 숨이 코로 들어왔다가 나가는 걸 느껴야 해. 하루 한 시간씩 이 연습을 해야 하지. 화나는 기억이나 괴로운 생각이 떠올라도 무시하고 계속 호흡에 집중해야 해."

"효과가 있어?"

"조금은. 보통은 1분쯤 지나면, 심지어는 몇 초만 지나도 저녁에 뭘 먹을지 생각하거나 타시와 다른 아이들이 나를 비웃던 일이 떠오르지. 그래서 호흡에 집중하지 못해. 하지만 스승님은 그럴수록 꾸준히 연습해야 한다고 했어. 왜냐하면 우리 인생이 왜 이렇게 괴로운지에 대해 아주 중요한 교훈을 가르쳐 주기 때문이래."

"그 교훈이 뭔데?"

"우리는 자기 마음속에 무슨 일이 일어나는지 알아채지 못한다는 거야. 우리는 생각·기억·감정이 어디서 오는지 모르고, 그것들을 마음대로 조절하지 못해. 그래서 종종 사랑하는 사람들에게 상처를 주고 심지어 자신에게도 상처를 입히지. 타시가 상처를 주고 싶어서 나한테 돼지처럼 먹는다고 말한 건 아니었을 거야. 아마 좀 더 큰 빵 조각을 먹고 싶은 욕심에 머릿속에 불쑥 떠오른 생각을 무심코 내뱉었겠지. 나도 타시가 한 말을 떠올리고 싶지 않지만, 어쩔 수 없이 떠오르고 그 기억이 나를 화나게 만들어. 때때로 나는 화가 나면 마치 주전자처럼 끓어 넘쳐서 뜨거운 물을 사방으로 쏟아내. 친구들에게 조차 못되게 굴어서 걔들을 힘들게 만들지. 생각과 기억은 불쑥불쑥 생겨나서 우리 마음을 욕심과 화로 가득 채우는데, 그러면 우리는 절대로 행복할 수 없어. 아무리 끔찍한 전쟁도, 악한 신 때문이 아니라, 사람들 머릿속에 떠오르는 화나는 기억과 탐욕스러운 생각에서 시작되는 거야."

어떤 신을 믿고 어떤 언어를 쓰건, **사람들은 자주 욕심과 화에 사로잡혀 스스로를 비참하게 만들어.** 그래서 전염병과 지진 같은 자연재해를 극복하기 위해 힘을 합치는 대신 서로에게 상처를 주지. 어디에서건, 누구건 마찬가지야. 인도인과 중국인, 로마인과 페르시아인, 그리스도인과 무슬림 가릴 것 없이 모두가 욕심과 화에 사로잡혀 스스로를 괴롭히고 다른 사람들까지 괴롭혀. 심지어 호랑이와 독수리 같은 동물들도 그래.

탈출구를 찾아서

부처님은 왜 이런 일이 일어나는지 알고 싶어 했어. 어떤 생각이나 기억이 언제 떠오르는지 결정하는 것은 무엇일까? 부처님은 자기 안에서 무슨 일이 일어나는지, 모든 욕심과 화가 어디서 오는지 자세히 들여다보았어. 그리고 이 모든 감정을 만들어 내는 신은 존재하지 않는다는 사실을 깨달았지. 모든 사람과 동물은 스스로 끊임없이 욕심과 화를 만들고 있어. 이 욕심과 화는 자신을 힘들게 하고 주변 사람들까지 괴롭히지. 그리고 상처를 입은 사람들은 다시 누군가를 괴롭히고, 결국 우리 모두는 훨씬 큰 고통에 휩싸이지. 괴로움은 이런 식으로 자라고 불어나.

파티마가 물었어.

"우리 마음속에서 일어난 안 좋은 생각이 세상 모든 괴로움의 원인이라는 거야? 그것 때문에 수많은 전쟁이 일어나고, 전쟁이 없을 때도 사람들이 항상 괴로워한다는 거지?"

안나드가 말했어.

"스승님은 그렇다고 말했어. 어떤 악한 신 탓이 아니라 우리가 자신을 괴롭힌다고. 욕심과 화, 온갖 종류의 괴로운 생각이 계속 일어나는 한 우리는 행복할 수 없어. 몽케칸처럼 엄청난 금화를 가졌고 수많은 병사를 거느리는 위대한 황제도 마찬가지야. 몽골 군대는 모든 적을 물리치고 죽일 수 있지만, 딱 한 가지 몽케칸의 머릿속에서 일어나는 괴로운 생각은 물리칠 수 없지."

"욕심과 화가 일어나지 않게 할 수 없을까? 욕심 대신 기쁨을, 화 대신 사랑을 만들어 낼 수 없을까? 욕심과 화 대신 기쁨과 사랑을 불러일으키는 방법을 배울 수 있다면 금화 한 닢, 병사 한 명 없이도 행복할 것 같아."

"스승님은 그게 바로 부처님이 한 일이라고 말했어. 부처님은 수년 동안 욕심과 화 대신 기쁨과 사랑을 일으키는 방법을 연습했어. 그리고 마음을 훈련하면 미움 대신 사랑을 만들어 낼 수 있다는 사실을 깨달았어. 마치 수영하기 위해 몸을 훈련하고, 플루트를 연주해서 아름다운 음악이 나오도록 입과 손가락을 훈련하듯이 말이야."

부처님은 사람들에게 미움 대신 사랑을 불러일으키는 훈련 방법을 가르쳤어. 또 부처님의 제자들은 세계 여러 나라를 돌아다니며 더 많은 사람을 가르쳤지. 그들은 인도에서 중국, 일본, 태국, 베트남, 심지어 유럽과 아메리카 대륙까지 퍼져 나갔어. 오늘날 거의 모든 나라에 부처님 가르침을 따르고 실천하려는 사람들이 있고, 그들을 '불자(불교인)'라고 불러.

하지만 마음을 다스리는 훈련은 매우 어려워. 수영 챔피언이나 뛰어난 플루트 연주자가 되려면 수년 동안 매일 연습해야 하지. 마찬가지로 마음속에 미움 대신 사랑을 일으키려면 정말 열심히 훈련해야 해. 부처님 가르침을 실천하기는 너무 어려워서, 부처님의 깨달음이 훌륭하다고 생각하는 사람들조차 부처님의 가르침대로 실천하지 않았어. 많은 불자는 여전히 마음속에 욕심과 화를 품었어. 그들은 계속해서 다른 사람들을 괴롭히고, 전쟁을 일으키고, 누군가를 죽였지. 심지어 몇몇 불자는 화를 극복하는 방법을 발견했다는 부처님 이야기를 믿지 않는 사람을 만나면 불같이 화를 내며 그 사람을 때리거나 죽이기까지 했어.

자유를 위한 하나의 규칙

부처님은 자신의 깨달음을 가르칠 때 신을 믿지 말라고 하지는 않았어. 다만 신에 대해 말다툼을 벌이는 짓은 쓸데없으며, 괴로움에서 벗어나는 방법을 찾는 게 더 중요하다고 말했을 뿐이지 이렇게 생각한 사람이 부처님 혼자만은 아니었어. 최근에 많은 사람들도 비슷한 결론에 이르렀지. 그들은 세상 모든 사람이 어떤 신을 숭배할지, 어떤 음식을 먹을지, 어떤 옷을 입을지에 대해 하나의 결론에 이르는 방법은 없다고 생각해. 따라서 이런 문제들에 대해 말다툼하느라 시간과 힘을 낭비하지 말고, 세계인이 하나의 기본 규칙

에 동의하자고 제안하지. 바로, 다른 사람들을 괴롭히는 대신 돕기 위해 최선을 다하자는 거야. 이 한 가지 규칙만 지킨다면 누구라도 원하는 대로 행동하고 먹고 입고, 하나든 둘이든 여럿이든 자기만의 신(들)을 믿을 수 있어.

이 하나의 규칙은 사람들에게 많은 자유를 가져다주기 때문에, 이 규칙을 따르는 사람들을 '자유주의자'라고 불러. 자유주의자 말에 따르면, 좋은 사람이 되는 것은 신에게 복종하는 것과는 아무 관계가 없어. 좋은 사람이란 누구도 괴롭히지 않는 사람이라는 뜻이야. 물론 신을 믿어도 상관없어. 그리스도인이나 무슬림 중에도 자유주의자가 많아. 아예 신을 믿지 않아도 좋은 사람이 될 수 있어. 자유주의자는 우리가 어떻게 행동해야 좋을지 결정할 때, 신과 관련한 말다툼은 아무 도움이 되지 않는다고 주장해. 대신 우리가 하려는 행동이 누군가를 괴롭히지는 않는지 살펴보자는 거지. **누군가를 괴롭히지만 않는다면, 우리는 원하는 것을 할 자유가 있어.**

예를 들어, 자유주의자는 누구도 죽여서는 안 된다고 말하는 그리스도인과 무슬림 말에 동의해. 하지만 어떤 신이 그 규칙을 정했다고 믿어서도, 지옥에 갈까 봐 두려워서도 아니야. 자유주의자는 이렇게 설명하지.

"네가 누군가를 죽이면 안 되는 이유는 네가 죽이는 누군가에게, 그리고 그의 가족과 친구들에게 끔찍한 고통을 주기 때문이야. 그 행위는 너에게도 엄청난 고통을 줘. 따라서 세상에 신이 없다고 해도 누군가를 죽여선 안 돼."

옷은 어떨까? 위대한 신이 규칙을 정했다는 이유로 모두가 머리에 특정한 모양의 모자를 써야 한다고 말하는 사람들이 있어. 하지만 네가 다른 종류의 모자를 쓰고 싶거나, 모자를 아예 쓰고 싶지 않다면? 네가 원하는 대로 해도 아무도 고통받지 않아. 그렇지? 그래서 자유주의자는 "네가 원하면 어떤 모자건 쓸 자유가 있어."라고 말해.

어떤 신이 1년 중 정해진 날에 단식하라고 정했다는 이유로 그날 음식을 먹지 말아야 한다고 말하는 사람들도 있어. 하지만 네가 그날 너무 배가 고파서 무언가를 먹고 싶다면? 그렇게 해도 아무에게도 해를 끼치지 않아. 그래서 자유주의자는 "네가 단식하고 싶으면 그렇게 할 자유가 있지만, 네가 먹고 싶다면 그렇게 할 자유도 있어. 누군가에게 해를 끼치지만 않는다면 원하는 대로 해도 돼."라고 말해.

자유주의자의 규칙은 꽤 괜찮은 듯하지만, 안타깝게도 자유주의자들도 항상 그 규칙을 지키지는 않아. 심지어는 다른 사람들에게 자유주의 규칙을 따르라고 강요하기 위해 전쟁을 일으키기도 했지. 말은 행동보다 훨씬 쉬워. 그리스도인의 규칙이든, 무슬림의 규칙이든, 자유주의자의 규칙이든 어떤 규칙을 믿는다고 말하는 건 쉽지. 그 규칙을 실천하기는 훨씬 어려워. 중요한 점은 사람들이 무슨 말을 하느냐가 아니라 실제로 어떻게 행동하느냐이지.

말은 쉽지만 실천은 어려워

바바와 구구라는 두 이웃에 대한 이야기를 들어 봐. 그들은 병에 걸려서 가자 다른 의사를 찾아갔어. 바바의 의사는 "아침에 오렌지 하나, 점신에 또 하나, 그리고 저녁에 다시 하나를 먹으면 한 달 안에 나을 거예요." 하면서 바바가 처방을 잊지 않도록 종이에 적어 주었어.

구구의 의사는 구구에게 알약이 가득 담긴 병을 주면서 "아침에 한 알, 점심에 한 알, 저녁에 또 한 알을 먹으면 한 달 안에 나을 거예요."라고 말했어. 그 의사도 구구가 처방을 잊지 않도록 종이에 적어 주었지.

바바와 구구는 집에 돌아가는 길에 만나서 자신의 의사가 뭐라고 했는지 서로에게 들려주었어. 둘은 이야기를 듣고 말다툼을 벌이기 시작했지.

구구가 외쳤어.

"오렌지라니! 말도 안 돼. 오렌지로는 병을 치료할 수 없어. 내 의사가 준 종이를 봐. 알약을 먹으라고 적혀 있잖아!"

바바가 주장했어.

"하지만 내 의사가 써 준 종이에는 분명히 오렌지라고 적혀 있어!"

"네 의사는 바보야!"

"감히 내 의사를 모욕하다니! 그는 세계 최고의 의사야! 멍청한 건 네 의사지. 그가 준 알약을 먹으면 병이 더 심해질 거야!"

"내 알약은 효과가 끝내 줘!"

"내 오렌지가 네 알약보다 백만 배는 더 좋아. 네 의사는 완전히 바보야. 그런 의사의 말을 믿는 너도 마찬가지고!"

구구는 너무 화가 나서 바바의 뺨을 때렸어. 그러자 바바도 구구의 뺨을 때렸지. 곧 둘은 바닥을 뒹굴며 서로 발길질하고 주먹질하고 머리채를 잡아

당겼지. 하지만 싸움을 하느라 구구는 알약을 먹지 않았고 바바도 오렌지를 먹지 않았어.

세상에는 이런 일이 흔히 일어나. **사람들은 모두가 어떻게 행동해야 하는지에 대해 아주 강한 의견을 내세우고, 그것 때문에 서로 말다툼을 벌이며 싸우지.** 그러면서 정작 자신들이 정한 규칙은 신경도 쓰지 않아. 어떤 사람은 입만 열면 사랑에 대해 말하지만, 실제로는 미움으로 가득 차 있어. 또 어떤 사람은 평화를 믿는다고 말하면서 전쟁을 일으키기도 해. 어떤 사람은 남을 괴롭히지 않는 것이 가장 중요하다고 말하고는 정작 자신은 주변 사람들을 괴롭히지. 아마 네 주변에도 다른 사람들에게 어떤 규칙을 따르라고 말하면서 자신은 그 규칙을 지키지 않는 사람이 있을 거야.

그들이 우리가 되는 법

사람들은 수천 년 동안 다양한 규칙을 생각해 냈어. 그리고 그 규칙이 옳다는 사실을 증명하기 위해 갖가지 이야기를 지어냈지. 어떤 규칙이 가장 좋

은 규칙이고 어떤 이야기가 가장 진실한 이야기인지 판단하기는 어려워. 몽케칸의 초대를 받아 카라코룸 궁전에 모인 사람들과 마찬가지로, 오늘날에도 사람들은 그 문제에 대해 말다툼을 벌여. 그리고 카라코룸 숙소에서 만난 콘스탄티누스와 바울로가 그랬듯이, 사람들은 때때로 그 문제로 싸우고는 하지. 심지어는 자신의 이야기를 믿지 않는다는 이유로 누군가를 해치거나 죽이기도 해.

또한 사람들은 이 모든 것에 대해 생각을 계속 바꾸지. 그들은 믿음, 사용하는 언어, 입는 옷, 먹는 음식을 계속해서 바꿔. 상자로 나누기 좋아하는 사람들의 주장과 다르게 세상은 깔끔한 상자로 나뉘지 않아. 또 상자들은 항상 똑같은 상태가 아니라 계속 섞이면서 변해. 이런 변화가 일어나는 과정에서 때때로 폭력이 일어나기도 하지. 한 나라가 다른 나라를 정복하면서 도시를 불태우고 사람들을 노예로 삼을 때처럼 말이야. 때로는 변화가 평화롭게 일어나기도 하지. 시장에서 물건을 거래하거나 외국인과 사랑에 빠질 때처럼 말이야. 하지만 변화가 어떤 방식으로 일어나건, 네가 어디에 살건, **너는 다양한 국가에서 살았던 많은 사람들에게 크게 빚지고 있어.**

네 가족이 어떤 신을 믿는다면, 아마 과거에 다른 나라에서 온 외국인이 네 조상에게 그 신을 소개했기 때문일 거야. 네가 사용하는 언어도 마찬가지야. 오늘날 우리가 사용하는 거의 모든 언어는 과거에 다른 나라에서 우리 조상에게 전해진 거야. 우리가 사용하는 대부분 단어도 처음에는 외국에서 들어왔어.

예를 들어, 영어 단어의 반 이상이 프랑스어나 라틴어, 또는 그리스어 같은 다른 언어에서 왔어. '음악'을 뜻하는 영어 단어 '뮤직 music'은 프랑스어 '무지크 musique'에서 왔고, 무지크는 라틴어 '무지카 musica'에서 왔으며, 무지카는 그리스어 '무시케 mousike'에서 왔어. '언어'를 뜻하는 영어 단어 '랭

귀지 language'도 프랑스어 '랑가주 langage'에서 왔고, 랑가주는 라틴어 '링구아 lingua'에서 왔지. 사람들이 한 줄로 늘어서서 옆 사람에게 단어를 전달하고, 마지막으로 네가 그 단어를 듣고 말하는 모습을 상상해 봐.

네가 먹는 많은 음식도 마찬가지로 지구 반대편에 사는 외국인들이 재배해. 네 나라에서 재배하고 만드는 음식도 대부분 먼 나라의 외국인이 처음 발견했을 거야. 혹시 초콜릿 좋아해? 코코아콩을 맛있는 간식으로 만드는 법을 처음 알아낸 사람이 누구일까? 5000년 전 아마존강 근처 열대 숲에 살던 사람들이야. 초콜릿 한 조각을 입안에 넣을 때마다 너는 고대 아마존 사람들에게 고마워해야 해.

혹시 차 좋아해? 수천 년 전 중국 사람들은 차나무 잎에 뜨거운 물을 부어 차를 만드는 방법을 발견했어. 그들은 이 음료를 '테' 또는 '차'라고 불렀지. 중국인의 차에 대한 사랑은 전 세계로 널리 퍼져 나갔어. 오늘날 인도·케냐·아르헨티나 같은 많은 나라에서 차나무를 재배하고, 차는 세계에서 가장 흔한 음료가 되었지. 당연히 물은 빼고! 오늘날 차를 마시는 모든 사람은 고대 중국인에게 감사해야 해.

너는 초콜릿과 차가 달콤한 게 좋아? 그렇다면 너는 뉴기니 사람들에게도 고마워해야 해. 왜냐하면 8000년 전 그들이 처음으로 사탕수수를 재배해서 설탕을 만들었거든.

네가 좋아하는 운동경기와 놀이를 생각해 봐. 축구는 영국인이 발명했고, 태권도는 한국인이, 체스는 인도인이 발명했어. 그러니 네가 공을 골대로 찰 때마다 너는 조금 영국인이 되는 셈이야. 태권도를 연습할 때는 한국인 같은 면이 드러나고, 체스판의 말을 움직일 때는 인도인과 연결되지.

네가 듣는 음악, 보는 텔레비전 시리즈, 읽는 책도 마찬가지로 다른 나라에서 온 경우가 많아. 네가 지금 읽고 있는 이 책도 이스라엘·독일·스페인의 외국인들이 글을 쓰고 그림을 그렸어.

따라서 다르거나 낯설다고 해서 그다지 나쁜 것은 아니야. 만일 너희 나라의 모든 사람이 똑같고, 너희 나라 사람들이 만든 물건만을 사용한다면 삶이 어떨까? 가족이 식탁에 둘러앉아 먹을 음식이 풍성하지 않고, 가족이 함께 즐길 수 있는 놀이나 말할 단어도 많지 않을 거야.

사실 네 가족도 다양한 나라 사람들로 가득해. 만일 네가 시간 여행을 떠나 네 할머니, 할머니의 할머니, 그 할머니의 할머니를 만난다면, 언젠가는 외국인을 만나게 될 거야. 먼 나라에 살았고, 네가 모르는 신을 믿었으며, 네가 이해하지 못하는 언어를 사용했던 사람이지. 신·음식·놀이·언어만 다른 나라에서 넘어온 것은 아니야. 사람들 자체도 여행을 했어. 어떤 사람들은 10년 전에, 어떤 사람들은 100년 전에, 또 어떤 사람들은 1000년 전에 왔지. **흙에서 태어나거나 용의 이빨에서 태어난 사람은 아무도 없어.**

모든 사람의 조상은 역사 속의 어느 시점에 다른 곳에서 왔어. 우리 조상은 한때 우리와 매우 달랐지. 시간이 지나면서 그 다른 사람이 조금씩 변해서 지금의 우리가 되었어. 그리고 우리는 계속 변할 테니 우리 후손도 우리와는 매우 달라질 거야.

상자로 나누기 좋아하는 사람들은 변화를 두려워해. 서로 다른 사람들은 사이좋게 지낼 수 없고 항상 싸운다고 생각하기 때문이지. 하지만 그건 사실이 아니야. 물론 사람들은 때때로 싸우지. 하지만 꼭 그들이 다르기 때문에 싸우는 건 아니야. 사람들은 자신과 가장 비슷한 사람들과 싸우기도 해. 그런가 하면 전혀 다른 외국인들이 아무렇지 않게 잘 지내기도 하지. 심지어 사랑에 빠져 새로운 가족을 꾸리기도 해. 적들도 친구가 될 수 있어.

역사상
가장 위대한 발견

이제 너도 알다시피, 남들과 다르다고 해서 나쁜 건 아니야. 서로 다른 사람들도 잘 지낼 수 있고, 어쨌거나 시간이 지나면 모든 사물과 모든 사람이 변해. 이제 너도 알다시피, 외국인들이 만나면 때로는 거래하고 때로는 싸우고 때로는 이야기하지만, 그들은 항상 변해. 이제 너도 알다시피, 네가 누구건 네 조상은 한때 외국인이었고, 그들이 시시히 변해서 지금의 네가 되었어. 네 조상이 아주 나쁜 짓을 했을 수도 있지만, 너는 그들과 다르게 행동할 수 있어.

너는 이제 썩은 생선 소스를 어떻게 만드는지, 제국이 무엇인지, 돈이 어떤 원리로 작동하는지, 그리고 네가 만지는 모든 것이 금으로 변하면 왜 끔찍한 일이 일어나는지도 알았어. 너는 로마인이 처음에는 그리스인과 유대인을 정복했지만, 그 뒤로 그리스인의 연극과 하늘 아버지에 대한 유대인의 믿음을 전파하는 데 도움을 주었다는 사실을 알았어.

너는 신, 용, 개미에 대한 많은 이야기를 알았어. 하늘 아버지에 대한 이야기가 착한 사람들이 고통받는 이유를 설명해 주지 못한다는 사실을 알았어.

빛의 왕자와 악마에 대한 이야기는 두 신의 싸움이 어떻게 가능한지 설명하지 못한다는 사실도 알았어. 나아가 사람들은 수많은 이야기를 지어내고 믿지만, 여전히 세상을 잘 이해하지 못하고, 심지어 자기 몸과 머릿속은 더더욱 이해하지 못한다는 사실을 알았어. 왜 병에 걸릴까? 생각이 어떻게 머릿속에 떠오를까? 욕심과 화는 어디서 올까?

사람들은 인간이 어디에서 왔는지, 세상이 처음에 어떻게 창조되었는지에 대해 의견을 하나로 모으지 못했어. 왜 세상에 고통이 가득한지, 어떻게 하면 괴로움에서 벗어날 수 있는지에 대해서도 여전히 생각이 다르지. **사람마다 다른 이야기를 했고, 모두가 자신의 이야기가 옳다고 확신했어.** 하지만 한 가지 사실만큼은 달라지지 않았지. 어떤 이야기를 믿건 사람들은 여전히 굶주림, 질병, 전쟁으로 고통받았어. 어디에서든 사람들은 이런 문제들이 왜 일어나는지에 대해 갖가지 이야기를 했지만, 실제로는 아무도 문제를 해결하지 못했어.

그러던 중 몇몇 사람들이 역사상 가장 위대한 발견을 했고, 이 발견은 거의 모든 것을 바꿔 놓았어. 이 발견 덕분에 사람들은 세계 모든 곳을 탐험하고, 심지어 자기 몸과 머릿속까지 탐구할 수 있었어. 또 이 발견 덕분에 어떤 이야기를 믿을지 결정할 수도 있었어.

이 위대한 발견은 과학이야. 과학이란 오늘날 우리가 어떤 이야기를 믿을지 결정하고, 전쟁의 원인을 탐구하고, 굶주림과 질병의 해결책을 찾을 때 사용하는 방법이야. 과학 덕분에 우리는 생각과 감정이 어떻게 생겨나는지, 인간이 애초에 어디서 왔는지 이해할 수 있어.

이 책이 만들어진 것도, 오늘날 우리가 고대 카르타고와 로마 제국, 예수, 부처, 몽케칸 시대에 살았던 사람들에 대해 알게 된 것도 과학 덕분이야. 과학자들은 고대 배를 찾아내 그 안에 실린 유물을 조사하고, 우루크·카르타고·에페소스·카라코룸 같은 사라진 도시를 발굴하지. 또 라틴어 같은 고대 언어를 해독하거나, 이난나·바알·아르테미스·제우스 같은 잊힌 신들에 대한 고대 이야기를 연구하는 데 평생을 바치지.

과학자들은 사라진 도시를 발견하고 잊힌 신들을 연구하는 것뿐만 아니라 훨씬 대단한 일도 해냈어. **고대 신들이 지녔던 힘, 아니 더한 힘까지 인간에게 건네주었지.** 신화에 나오는 아르테미스와 제우스 같은 신들은 지구 반대편 일을 보고 들을 수 있었고, 하늘을 날 수도 있었어. 오늘날에는 아이들도 스마트폰으로 지구 반대편 일을 손쉽게 보고 들을 수 있지. 그리고 헬리콥터·비행기·우주선을 타고 아르테미스나 제우스처럼 하늘을 날 수도 있어. 이 모두가 과학 덕분이야.

신화 속에서 제우스는 멀리서도 번개로 사람들을 죽일 수 있고, 아르테미스는 마법의 화살로 원하는 사람을 정확히 겨냥해 한 방에 쓰러뜨릴 수 있었어. 오늘날 대통령과 군대 지휘관은 훨씬 무시무시한 힘을 휘두르지. 그들은 어떤 화살이나 번개보다 강력한 미사일과 핵폭탄으로 수백만 명을 한꺼번에 죽일 수 있어. 이것도 과학 덕분이지.

과학은 파괴하는 힘뿐만 아니라 치유하는 힘도 주었어. 신화 속 신들은 사람들의 병을 치료할 수 있었지. 과학은 이 능력을 의사와 발명가에게 주었어. 사람들은 아플 때 더 이상 아르테미스나 제우스 신전에 가서 병을 낫게 해 달라고 빌지 않아. 대신 병원에 가서 의사의 진료를 받거나 과학자가 발명한 약을 먹어서 병을 치료하지.

신화 속에서 제우스와 아르테미스는 동물과 인간을 창조할 수 있었어. 오늘날 과학자들은 동물이나 인간과는 전혀 다른 새로운 생명체를 창조할 수 있는 힘을 손에 넣었어. 바로, 신화에서는 상상조차 못했던 사이보그와 인공 지능 같은 존재들이지.

　마지막으로, 과학자들은 우루크의 길가메시가 꿈꾸던 오랜 소망을 이루기 위해 노력하고 있어. 그 어떤 신도 인간에게 주지 못했던 힘이지. 바로, 구더기가 몸을 파먹지 못하도록 죽음을 이기고 영원히 사는 방법 말이야.

　그런데 과학이란 정확히 무엇이고 어디서 왔을까? 신과 용에 대한 그 모든 이야기와 어떻게 다를까? 그리고 과학은 어떻게 우리가 굶주림, 질병, 전쟁 같은 문제를 해결하는 데 도움을 줄 수 있을까?

그건 완전히 다른 이야기야. ✋

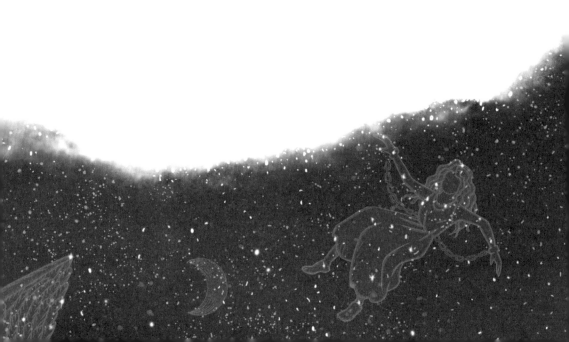

| 감사의 말

무화과나 오렌지를 먹을 때 너는 나무에 고마워해야 해. 수많은 잎들이 햇빛을 모았고 수많은 뿌리가 물을 빨아들여 열매를 맺었기 때문이지. 책을 읽을 때도 마찬가지야. 책을 만들어 준 모두에게 고마워해야 해. 모든 책이 그렇듯이 〈멈출 수 없는 우리〉 시리즈는 많은 사람들이 힘을 모은 덕분에 탄생했어. 사실 관계를 확인하는 사람들부터 편집자, 그리고 번역가에 이르기까지 모두의 도움이 없었다면 이 책은 나오지 못했을 거야.

먼저, 멋진 그림을 그려 준 재능 넘치는 리카르드 루이스, 이 프로젝트를 지지해 준 조너선 벡, 그리고 풍부한 경험과 영감으로 귀중한 조언과 통찰을 건네준 수전 스타크와 세바스티안 울리히에게 특별히 고마움을 전하고 싶어. 훌륭한 나아마 아비탈이 이끄는 사피엔스십 팀은 이 즐거운 프로젝트를 시작했을 뿐만 아니라, (나이와 관계없이!) 어린 독자들을 위한 이 그림책 시리즈의 글, 편집, 디자인, 조사, 홍보에 중요한 역할을 했어. 유능하고 창의적인 사피엔스십 팀에는 다음과 같은 사람들이 있어.

나아마 바르텐베르크, 아리엘 레틱, 한나 샤피로, 제이슨 패리, 셰이 아벨, 다니엘 테일러, 미카엘 주르, 짐 클라크, 도르 실턴, 레이 브랜든, 첸광위, 나다프 노이만, 갈리에테 카치르, 디마 바소브, 길라드 아틀라체비츠, 아얄라 소로츠키, 안나 곤타르, 첸 아브라함이야. 또한 저마다 큰 기여를 한 프리데리케 플레센베르, 아드리아나 헌터, 아디 모레노, 그리고 도움을 준 카롤리나 로페즈 루이스와 안소니 칼델리스에게도 고마움을 전하고 싶어.

이 책을 많은 사람들이 읽을 수 있게 다양한 언어로 번역해 준 번역가들에게도 고마운 마음이 전해졌으면 좋겠어.

마지막으로, 사랑과 격려를 보내 준 어머니 프니나, 누이 에이나트와 리아트, 조카 토메르, 노가, 마탄, 로미, 유리, 그리고 파트너 이지크에게 감사하고 싶어. 그들의 아낌 없는 지원 덕분에 이 책이 세상에 나올 수 있었어.

— 유발 하라리

색상에 대해 조언해 준 이반 바스케스와 니히오에게 고마운 마음을 전합니다. 도미니크 캄페테, 이레네 코르돈, 미레야 세라, 그리고 나타 그라티스(무료 크림) 일당에게 바칩니다.

나와 같은 직업을 가진 호모 사피엔스 동료들의 지식과 우정에 감사합니다.

창작 과정의 모든 단계에서 도움과 길잡이를 제공해 준 사피엔스십의 전문가 여러분, 고맙습니다.

그리고 무엇보다 내 그림을 믿고, 내 그림이 그의 글과 함께 지구 반 바퀴를 여행할 수 있게 해 준 유발 하라리에게 감사합니다.

— 리카르드 루이스

Author: Yuval Noah Harari
Illustrator: Ricard Zaplana Ruíz

C.H.Beck & dtv:
Editors: Susanne Stark, Sebastian Ullrich

Sapienship Storytelling:
Production and management: Itzik Yahav
Management and editing: Naama Avital
Marketing and PR: Naama Wartenburg
Editing and project management: Ariel Retik
Research assistants: Jason Parry, Jim Clarke, Ray Brandon, Dor Shilton
Copy-editing: Adriana Hunter
Design: Hanna Shapiro
Diversity consulting: Adi Moreno
www.sapienship.co

Cover design: Hanna Shapiro
Cover illustration: Ricard Zaplana Ruíz

멈출 수 없는 우리

❸ 적들이 친구가 되는 방법

1판 1쇄 인쇄 | 2024. 11. 15.
1판 1쇄 발행 | 2024. 11. 28.

유발 하라리 글 | 리카르드 루이스 그림 | 김명주 옮김

발행처 김영사 | **발행인** 박강휘
편집 문자영 | **디자인** 김민혜 | **마케팅** 서영호 | **홍보** 조은우 육소연
등록번호 제 406-2003-036호 | **등록일자** 1979. 5. 17. | **주소** 경기도 파주시 문발로 197(우10881)
전화 마케팅부 031-955-3100 | 편집부 031-955-3113~20 | **팩스** 031-955-3111

값은 표지에 있습니다.
ISBN 979-11-94330-87-5 73900

좋은 독자가 좋은 책을 만듭니다. 김영사는 독자 여러분의 의견에 항상 귀 기울이고 있습니다.
전자우편 book@gimmyoung.com | 홈페이지 www.gimmyoung.com

|**어린이제품 안전특별법에 의한 표시사항**| 제품명 도서 **제조년월일** 2024년 11월 28일
제조사명 김영사 **주소** 10881 경기도 파주시 문발로 197 **전화번호** 031-955-3100 **제조국명** 대한민국
사용 연령 11세 이상 ⚠️**주의** 책 모서리에 찍히거나 책장에 베이지 않게 조심하세요.

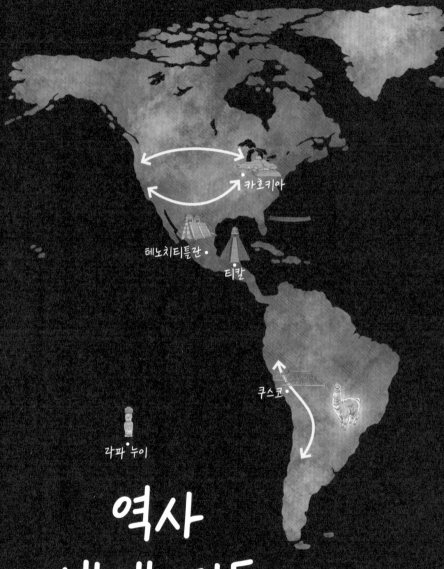

카호키아

테노치티틀란 •

티칼

쿠스코 •

라파 • 누이

역사
세계 지도

↗ 고대 무역 경로